Pengarna och livet

Ica Bokförlag
www.icabokforlag.se

PENGARNA OCH LIVET
En bok om privatekonomi för kvinnor
av Birgitta Piper

Forma Publishing Group är miljöcertifierat enligt ISO 14001

Formgivning inlaga: Malin Norlander och Johanna Blomberg
Omslag: Marie-Louise Friberg
Tryckt hos Scandbook, Falun 2010
ISBN 978 91 534 3462 7

Pengarna och livet

– en bok om privatekonomi för kvinnor

Birgitta Piper

ICA
BOK
FÖR
LAG

Innehåll

Förord

När jag startade *M-magasin* 2006, en tidning för kvinnor 50+, visste jag att jag ville få kvinnor intresserade av ekonomi. Det var helt enkelt hög tid.

Men hallå! ville jag säga till kvinnorna. Satsa en tredjedel av all den tid ni lägger ner på att vårda era relationer på att istället vårda er ekonomi. Ni är torsk annars! Jag ville att vi skulle bli bäst på plånboksrelationer, för utan koll på sin egen ekonomi ingen frihet. Och kvinnor har alldeles för länge litat till sina män när det handlar om familjens ekonomi.

Var finns plånbokens Dr Phil, tänkte jag, en som kan prata ekonomi med kvinnor på deras språk, rakt in i deras mjukdelar, så att de tänder till och tycker det är lika kul med pengar som med kärlek (i alla fall ibland)?

Så mötte jag Birgitta Piper. Vi skulle fira en gemensam väns födelsedag. Birgitta, som jag aldrig tidigare träffat, hade glasögon som Dame Edna, kläder som en slottsfru med glitter och glamour, kombinerat med folkliga leggings, innan de ens var moderna. En vandrande motsägelse. Hon hade ett skarpt intellekt och mycket lätt till skratt.

Vad gör du då? frågade jag och fick till svar att hon ansvarade för Sydsvenska Dagbladet ekonomibevakning. Va? tänkte jag, för hon såg definitivt inte ut som ekonomijournalister brukar se ut.

I samma stund förstod jag: Hon var min plånbokens Dr Phil. Jag hade hittat rätt person. En som skulle komma att förstå M:s läsare och deras plånboksfrågor.

Hjälp, vad gör jag med mina särkullbarn? Hur ska jag sätta turbo på min pension? Har jag råd att skilja mig? Ska jag gå med i aktieklubb? Hur många lån tål jag?

Javisst kunde hon svara på sådant. Och om hon själv inte kunde hade hon ett batteri experter att tillgå. Henne ville jag ha! Och så började ett unikt samarbete som utvecklats till att bli ett av de mest framgångsrika inslagen i *M-magasin*. Birgitta Pipers varma, kunniga och oförblommerade råd har inte sin like någonstans i svensk press.

Men det allra viktigaste är att hon fångat läsaren. Till henne kommer frågor i strid ström. Våra läsare törstar efter mer ekonomisk kunskap. De har förstått grunden, frihet och ekonomi hör ihop.

Jag är glad att jag träffade Birgitta Piper. Ta del av hennes kunskaper som hon samlat i den hör boken. Bli ekonomiskt trygg. Du tjänar på det – inte bara ekonomiskt.

Amelia Adamo

Inledning

Lär dig älska din ekonomi

Det kan vara en dröm att dela säng med den man älskar, men en mardröm att dela plånbok. Snälla försök förstå, det här är viktigt: Ta kommando över din egen ekonomi. Du måste göra det själv. Du behöver inte stå där med mössan i hand och känna dig dum "som ingenting begriper". Du är inte ensam. Alla sparformer och pensionslösningar, försäkringar och elpriser och bolån och bankräntor och fonder och avgifter – det är en djungel som inte ens experter har full kontroll över och insyn i.

Hur ska då vi, vanliga dödliga, kunna ta för oss och fatta rätt beslut? Svar: Skaffa kunskap och få kontroll. Läs på och samla information. Ställ både frågor och krav. Överlämna inte det ekonomiska ansvaret till någon annan, även om du inte vet exakt vad du vill ha. Det kan stå dig väldigt dyrt vid pensionen, vid en separation, vid dödsfall eller vid andra uppbrott i livet.

"Men pappa, man kan inte köpa ett hus! Det får ju inte plats i påsen."

Så sa min kollegas dotter Maja när hon lyssnat på sin mamma och pappa som var på väg att köpa hus åt sin växande familj. I Majas fyraåriga ögon är det ju så att man stoppar grejorna i en plastpåse i affären när man köper något.

Hon har en poäng den lilla. Det gäller att förstå konsekvenserna av de affärer man ger sig in i, oavsett om det handlar om köp av ett hus eller en pensionsförsäkring eller en fond av något slag. Förhoppningsvis fortsätter denna kloka unge mot en lika klok framtid vad det gäller plånboksfrågor. Sluta aldrig fråga förrän du vet vad du vill och förstår vad du gör.

Den här boken bygger på den stora mängd frågor jag fått till Amelia Adamos månadstidning *M-magasin* och vinjetten *Pengarna & Livet,* där jag efter bästa förmåga försöker svara på läsarnas frågor sedan tidningen kom ut för första gången 2006.

Den gemensamma nämnaren för de flesta frågorna är denna: Vart ska jag vända mig för att få bästa och oberoende ekonomiska råd? Hjälp mig.

All denna frustration, villrådighet och utsatthet som strålar ur alla frågor har under åren lagrats inom mig i ett allt starkare muller som nu får sitt utlopp.

”Så här kan vi faen i mig inte ha det!” säger jag.

Efter hand som arbetet med boken framskred, blev den av sig själv ett verklighetsbaserat debattinlägg med de många och angelägna frågorna som vittnesmål om den utsatthet vanliga människor lever när det gäller livsviktiga privatekonomiska beslut.

Boken bygger på frågor med allmängiltiga teman som pensioner, sparformer, försäkringar, aktier och fonder, vardagsekonomi, lån, samboskapet och dess vanskliga effekter. Och lite därtill.

Kvinnor tvivlar tyvärr ofta på sin egen auktoritet och kompetens.

Men vi måste ta och få ta större plats även i dessa frågor och inte förminska oss själva, vi måste ställa krav och skaffa kunskap. Det är stärkande för självkänslan och bra på alla sätt.

Varför är så många kvinnor valhänta och oroliga när det gäller den egna ekonomin? En förklaring kan vara att kvinnor historiskt sett inte förväntades, eller fick, ägna sig åt avancerade privatekonomiska frågor. Det var mansgöra. Att få hålla i hushållskassan, där gick gränsen för kvinnans ekonomiska ansvar. De allra flesta kvinnor i den äldre generationen hade för övrigt inte heller egna pengar att förvalta och investera. Och hade vi pengar eller egen förmögenhet så var det mannen, som myndig, som tog hand om den saken.

Den traditionen har kletat sig fast in i modern tid, men nu är vi kvinnor i efterkrigsgenerationerna, med 40-talisterna i täten, de första ekonomiskt oberoende generationerna. Kvinnor som har både egna pengar och ett nyväckt intresse för att placera dem väl, antingen i konsumtion eller i en bättre pension. Eller i både och.

Frågorna som strömmar in till *M-magasin* är bevis nog för denna bedömning, att intresset för och behovet av privatekonomisk vägledning och rådgivning bland kvinnor är mycket stort och ökande.

Jag vill uppmuntra kvinnor att ta för sig. Det ska vara en självklarhet att ringa banker eller andra instanser, som exempelvis oberoende Konsumentverket, Konsumenternas Bank- och finansbyrå eller Konsumenternas Försäkringsbyrå, för att få hjälp att reda ut begrepp och de frågeställningar man har. Problemet är att det inte räcker. Där får man nämligen inga individuella råd. Och varje individ har ju sin egen privatekonomi och livsomständighet att ta hänsyn till.

Alla, både kvinnor och män, unga som gamla i Sverige, har ett stort behov av en oberoende instans att rådfråga om hur de ska hantera framför allt sina pensionspengar. För man ska ha klart för sig att banker generellt sett inte är opartiska i sin rådgivning. Banktjänstemannen, hur hygglig och duktig han eller hon än är, företräder sin egen bank och vill förstås framhäva och sälja just sin banks fördelar, möjligheter och sparprodukter.

Vad det bevisligen råder brist på i Sverige är utbildning i ämnet privatekonomi i skolan, samt tillgång till oberoende individuell rådgivning i privatekonomiska frågor, gratis i allmän regi eller till lågpris för ”vanliga” hushåll. Denna form av rådgivning och utbildning skulle snabbt löna sig: färre i skuldfälla och fler ekonomiskt hållbara hushåll. Det skulle i förlängning leda till:

1. Ökad konsumtion = bra för Sveriges ekonomi och för sysselsättningen.
2. Större skatteunderlag = bra för statens finanser.

För att få extern krydda på den här anrättningen har jag bjudit in ett antal kända personligheter med stor kompetens och erfarenhet av ekonomiska frågor, och som öppet och med intressanta reflektioner svarar på frågor med utgångspunkt från bokens centrala budskap.

I det kapitlet ingår:

- Ekonomiprofessorn *Göran Grosskopf*, ordförande i Ikeakoncernen och byggbolaget Peab.

- Den globale superentreprenören *Christer Ericsson*, som en gång blev känd som skaparen av offshorebolaget Consafe, och som idag äger ett globalt miljardimperium, JCE Group, som bland annat satsar stort på olika miljöinriktade affärsprojekt

- *Mia Odabas*, 70-talist och civilekonom, utbildad vid Handelshögskolan i Stockholm, ekonomijournalist, krönikör, fristående kolumnist och debattledare med näringsliv och ekonomi i fokus i sitt arbete.

Dessa auktoriteter kan ta för sig. De har makt bakom sina ord, de vet hur de ska skaffa sig korrekt och användbar information. Men alla andra? De som inte vet råd. Som saknar relevant kunskap. Som inte har ett eget kontaktnät. Som inte vet vem de kan lita på. Hur ska alla dessa – till exempel miljontals pensionssparare i Sverige – kunna hitta rätt på en superkommersialiserad spar- och fondmarknad? När ska myndigheter och regering i Sverige ta detta kunskapsunderläge och klasskiljande problem på allvar?

Gör något åt saken. Det är mitt budskap

Kapitel 1

Pensionen

Kapitel 1:1

Din pension – ett gigantiskt spel om miljarder

1998 fattade Riksdagen – i en blocköverskridande uppgörelse mellan Socialdemokraterna och de borgerliga partierna – beslut om att införa ett nytt pensionssystem, där var och en fick rätten och valfriheten att själv investera en viss del av sina pensionspengar i fonder. Det nya systemet trädde i kraft år 2000. Systemändringen medför att den enskilda individen nu får ta personligt ansvar för storleken på en stor del av sin framtida pension.

Denna nya valmöjlighet gav upphov till en superkommersialiserad finansmarknad, nu sprängfylld av tusentals fonder. Att riksdagspolitikerna inte samtidigt beslöt att inrätta en opartisk och individuell rådgivarfunktion är ofattbart. Att erbjuda den samhällsservicen borde vara lika självklart som konsumentvägledning och kommunal skuldsanering. Det är ett nära nog oöverstigligt hinder för den vanliga konsumenten att själv hitta rätt fond eller sparprodukt till rätt pris/avgift och avkastning bland de alternativ som översvämmar marknaden.

Pensionen har blivit en klassfråga – och det på 2000-talet – där kunskaps- och kapitalövertag utgör stor risk för skillnad mellan god och klen pension.

Denna risk gäller inte bara PPM-delen i den allmänna pensionen, utan även tjänstepensionen och det privata pensionssparandet. Det finns hårresande exempel på halverat pensionskapital i tjänstepensioner på grund av felvalda fonder i kombination med höga avgifter staplade på varandra.

Rapporter och beräkningar från den dåvarande premiepensionsmyndigheten (PPM) varnade öppet så sent som 2009 för den uppenbara risken för gigantiska skillnader i pensionsutfall, något som kommer att drabba människor som väljer fel fonder, vid fel tidpunkt och fonder med för höga avgifter. Denna risk är särskilt påtaglig för unga människor som har många års pensionssparande framför sig.

Idag vet vi – det finns massor av beräkningar som bevis – att svenskar förlorar miljontals kronor varje år på onödigt höga fondavgifter. Ett av skälen är att det stora flertalet människor inte vet hur mycket en fond bör kosta i avgifter och inte heller kan, eller klarar av eller vet var de kan göra relevanta jämförelser mellan likvärdiga fonder. Detta gäller även fondval utanför PPM-systemet. På den privata marknaden är fondavgifterna inte heller rabatterade som samma fonder är inom PPM-systemet.

En rapport från PPM, som publicerades i slutet av april 2009, visade att 2008 (i och för sig inte oväntat på grund av börsraset på 42 %) var ett uselt år för PPM-spararna.

Bara 1,2 % låg på plus.

98,8 % av spararna fick se sitt pensionskapital krympa.

Vad PPM-rapporten också avslöjade var att de relativt få som var på hugget och kunde ta för sig och kunde konsten att byta fonder i rätt tid, till rätt pris och till rätt fonder, hade ett väsentligt bättre resultat.

Statistiken visar också att de som från början gjort flest fondbyten i PPM har lyckats bäst.

”Av detta kan man dra slutsatsen att många idag unga premiepensionssparare vid pensionen kommer att upptäcka att de fått mycket sämre PPM-utfall än de som visste och kunde och hade bättre tid att se till sina fonder regelbundet för att inte missa, typ, när Ryssland gick upp eller när räntorna föll.

PPM-fakta

År 2009 fanns det drygt sex miljoner premiepensionssparare. En halv miljon av dessa var pensionärer. Sedan starten och fram till och med 2008 stod PPM-kontona på minus 1,6 %. Fondförmögenheten i PPM-systemet var vid årsskiftet 08/09 231 miljarder kronor.

Vid halvårsskiftet 2009 hade den genomsnittlige spararen ▸

dock fått en värdestegring på plus 1,3 % per år. Resultatet närmade sig, enligt PPM, då 2 % per år och började därmed likna räntan på ett hyfsat bankkonto.

Under 2008 sattes 27 miljarder kronor in i nya pensionsrätter i systemet. 2009 förväntades samma insättningsvolym. Det handlar alltså om hisnande summor som flyter in i systemet. Pengar som ska placeras ut på pensionsspararnas konton och placeras i fonderna med den fördelning som spararna senast valt.

Den genomsnittliga summan per pensionssparare och år är drygt 5 000 kronor och maxbeloppet omkring 9 000 kronor. Beloppets storlek bestäms av inkomsten föregående år.

Ny pensionsmyndighet från 2010

Den första januari 2010 fick Sverige en ny pensionsmyndighet, Pensionsmyndigheten. Den nya pensionsmyndigheten bygger på att pensionsadministrationen på Försäkringskassan och Premiepensionsmyndigheten placeras hos en enda myndighet. Syftet är att samla all administration och information om pensioner på ett ställe.

I planerna för den nya myndigheten ingår att utöka informationen till medborgarna. Det framgick i ett samtal jag hade med socialförsäkringsminister Cristina Husmark Pehrsson på socialdepartementet våren 2009. Vid det samtalet, där ett antal av ministerns sakkunniga och statssekreterare fanns med, bollades tanken på att möjligen tillsätta en pensionsombudsman.

Klart var redan då att den nya myndigheten ska bidra till utökad information till medborgarna, bland annat genom att utveckla servicefunktionen på webbadressen minpension.se.

Inställningen bland både tjänstemännen och politikerna på Socialdepartementet vid den tidpunkten var att ingen myndighet i världen kan eller ska tala om för folk vad som är rätt eller fel, men däremot hjälpa folk i deras val. Individuell pensionsrådgivning var uteslutet.

Att inrätta en kommunal pensions-/fondrådgivning?

"Nej det låter sig alls inte göras. Det är en fälla att tro att kommunala eller statliga organ kan hjälpa till", var budskapet på Socialdepartementet. Där värjer man sig mot analysen att det nya PPM-systemet skapat ett nytt slags klassamhälle.

Däremot fick jag stöd för min kritik att konsumenter och sparare är lättköpta byten för privata aktörer på finansmarknaden. Denna insikt ska också vara huvudfokus för den nya myndigheten, det lovade socialförsäkringsminister Cristina Husmark Pehrsson våren 2009.

Den nya myndigheten ska administrera hela den allmänna pensionen, alltså även inkomstpensionen, samt garantipensioner, ålderspension och bostadstillägg för pensionärer. Webbadressen till den nya Pensionsmyndigheten är: www.pensionsmyndigheten.se

Nya fondpaket – rullatorer åt PPM-sparare

Hösten 2009 la regeringen fram ett förslag som ska göra det något lättare för den enskilde att välja PPM-fond med rätt risknivå. En nyordning som också skulle göra det mindre lockande att köpa extern fondrådgivning. Som PPM-sparare ska du enligt denna lagrådsremiss få välja en av tre risknivåer eller att lägga pengarna i en generationsfond. Men du ska även i fortsättningen kunna göra ett aktivt och eget fondval om du så vill.

För soffliggarna som idag låter sitt PPM-kapital förvaltas av Premiesparfonden skapas generationsfonder. Senast i maj 2010 kommer Sjunde AP-fonden ersätta sin Premiesparfond och sin Premievalsfond med generationsfonder. Samtidigt ska Sjunde AP-fonden sjösätta tre olika förvalda placeringsalternativ för dem som enkelt vill riskanpassa sitt pensionskapital i PPM-systemet, en fondportfölj med låg, en med mellan och en med hög risk. Sjunde AP-fonden ska förvalta de nya statliga placeringsalternativen.

I ett internt informationsblad, "Pensionsnyheterna", kallade Sjunde AP-fondens vd Peter Norman i oktober 2009 förvalsalternativen för en sorts "rullatorer" åt sparare som vill ha hjälp att välja fonder i det enorma utbudet på PPM:s fondtorg. Valmöjligheten att själv kunna handplocka olika PPM-fonder på Fondtorget, som omfattar ungefär åttahundra PPM-fonder, ska finnas kvar.

Regeringens argument för nyordningen är att det inte är rimligt att premiepensionssparare ska behöva anlita och betala kommersiella rådgivare och förvaltare i ett obligatoriskt statligt pensionssystem. Avgiften för sådan extern fondförvaltning pendlar mellan 300 kronor till över 2000 kronor per år.

De som hittills lagt sitt premiepensionssparande i Premiesparfonden, den så kallade soffliggarfonden, deras pensionskapital kommer automatiskt att överföras till den nya generationsfonden, där risken i sparandet sänks i takt med spararens stigande ålder. Generationfonderna ska vara valbara även för sparare som tidigare gjort aktiva val i PPM-systemet.

Protester från både myndigheter och privata aktörer lät inte vänta på sig. Grundkritiken från olika remissinstanser gick ut på att det finns risk för att kostnadseffektiva statliga fondportföljer kommer att snedvrida konkurrensen. Och kanske mer eller mindre ta död på privata aktörer på fondtorget med sina åttahundra fonder. Många särintressen varnar för att dessa fonder ska bli bortvalda till förmån för de nya statliga och enkelt valda fondportföljerna.

Sjunde AP-fondens vice vd, Richard Gröttheim, försvarade nyordningen i en intervju i Privata Affärer den 1 oktober 2009:

"Det är viktigt att det finns ett alternativ för dem som inte kan eller vill välja. Det är helt upp till den privata fondindustrin att komma upp med en bra produkt, men jag tycker att de har misslyckats. Då är det viktigt att staten tillgodoser dem"

Halva tjänstepensionen borta

Fonder i pensionsförsäkring är en dundermina. Avgifter slukade Peders pension. Det är inte ovanligt med ett fall på 60 %. Se brevet här nedan:

Hej Birgitta!

Hälften av mitt pensionskapital har gått upp i rök. Uppslukat av avgifter och urusel förvaltning.

Här kommer kopior på förvaltningen av min tjänstepension. Den startade 1997 och sista inbetalningen skedde 1/7 2002. Då var totalt 18 395 kronor inbetalt. Förvaltningen efter det har tills idag gett ett saldo på 9 367 kronor. Tjänstepensionen fick jag via min dåvarande arbetsgivare, ett fastighetsbolag, och det fanns bara ett alternativ.

Jag har själv inte gjort några som helst förändringar under årens lopp. Det ingick inte i förutsättningarna när jag via arbetsgivaren tackade ja till detta enda bud. Det ingick att familjen skulle vara garanterad samma belopp som jag själv skulle fått ut i pension. Precis så uttrycktes det.

Med facit i hand kan man tillägga: Det som finns kvar av den.

Innan finanskrisen var saldot 15 443 kronor (1/1 -08). Alltså var det redan då en negativ utveckling under en tioårsperiod trots att börsen gått som en raket.

Tur att man inte bara har det att leva på som pensionär. Då ska man också veta att försäkringsbolaget ändå betalat in 2 185 kronor den 19/3 2008 som en "korrigering" av de höga förvaltningsavgifterna. Trots detta har försäkringen en negativ utveckling med minus 50 %.

Jag har alltså totalt betalat in 18 395 kronor från 1997 till 2002 (då jag bytte arbetsgivare). Och vad återstår av mina insatta pengar? Halva mitt insatta kapital är borta!

Det är inte uselt. Det är en urusel förvaltning. Man skäms å deras vägnar när man ser på utfallet!

Vad gör man när sådant här händer? Och hur kan man undvika det?

Mvh Peder

Det kan sluta ännu värre än för Peders pension. Urgröpningseffekten i en tjänstepension baserad på fonder kan bli mer än 60 % reducering. Det framgår av en jämförelse som Premiepensionsmyndigheten gjorde 2008 av fondförsäkringar med en fondavgift på 1,5 %.

Pensionsval är förrädiska. Inte bara avgifterna tär på kapitalet. Kostnaden för ett efterlevandeskydd och andra försäkringsinslag kan bli väldigt dyrköpt. I liv- och fondförsäkringar staplas avgifter på varandra. Dessutom ligger fonderna på börsen vilket gör att pensionen drabbas direkt vid börsfall.

Till saken hör att Peders ursprungliga pensionsval med automatik ersatts med nya varianter under årens lopp. Viktigt att veta i det här fallet är att försäkringsbolaget hade lagt ut denna förvaltning på ett externt bolag.

För Peders del kom första kallduschen 2002. Vad han till sin förvåning upptäckte i värdebeskedet för 2001 var att han fick betala dyrt för en sjukförsäkring som inte framgått av hans ursprungliga tjänstepension, som nu plötsligt också bytt namn.

Av värderapporten framgår att försäkringsbolaget för 2001 tog ut 1 499 kronor i avgift för ett försäkringsskydd räknat på det totala beloppet 14 667 kronor. Själva efterlevandeskyddet kostade 112 kronor, och premiebefrielse/sjukförsäkring 1 337 kronor. Avgiften för fondförvaltningen var 698 kronor och skatten på avkastningen 118 kronor Värdeförändring av tjänstepensionen var under samma period minus 1 193 kronor.

Peders pension är ett konkret exempel på den påtagligt stora risken att stå med minst halverat pensionskapital i en fondförsäkring. Nackdelen med fonder är nämligen att du aldrig kan skylla på någon annan. Det är du som väljer och därmed sitter på hela risken. Man tar på sig en risk när man väljer fonder och det krävs en aktivitet under förvaltningen för att lyckas. Peders pengar har ju både varit med om IT-kraschen i slutet av 90-talet och även den senaste finanskrisen.

Det kan inte sägas tillräckligt ofta: Höga avgifter är livsfarliga för en fondförsäkring. Likaså fondval med hög risknivå utan aktiv tillsyn. Lika mycket som du kan vinna på en kursrush uppåt kortsiktigt, lika mycket kan du förlora långsiktigt om du inte drar dig ur i tid och byter ut förlorarfonder som ingår i den pensionslösning du valt.

Om man tagit för hög risk i ett läge då börserna står på topp i samband med inbetalningen då blir fallet djupt och det är en svår och långdragen process att återfå det sparade kapitalet. Tro inte att hälsan tiger still, att någon annan gör det jobbet åt dig. Du måste själv hålla koll på utvecklingen av din tjänstepension, såvida du inte valt en traditionell pensionsförsäkring.

Det finns många riskmoment som man måste beakta när man tecknar en pensionsförsäkring eller tjänstepension. Fråga alltid försäkringsbolaget eller banken eller försäkringsförmedlaren vad avgifterna sammantaget kostar räknat på en årlig avkastning på i snitt 5 % på ditt kapital.

Snor alla avgifterna inklusive försäkringsskyddet stora delar eller nästan hela den förväntade genomsnittliga tillväxten? Avstå då för jösse namn och välj en annan lösning. För vem tjänar på det skyddet? Inte är det du i alla fall.

Dyra avgifter staplade på varandra? Parade med urusel förvaltning och kass börsutveckling? Då har du ett val. Flytta ditt pensionskapital till en annan förvaltare. Det är tillåtet numera, om än krångligt och ibland förknippat med en kostnad. Men det kan löna sig. 35 000 pensionssparare har redan gjort slag i saken (2009).

Detta påverkar värdet på en pensionsförsäkring med fondförvaltning:

1. Försäkringsavtalets avgifter. Det kan vara premieavgift, försäkringsavgift och riskkostnad.
   a. Premieavgift tas ut en gång på premien.
   b. Försäkringsavgiften tas ut löpande varje månad och räknas på försäkringens totala värde.
   c. Riskkostnaden är kostnaden för eventuellt extra försäkringsskydd, till exempel premiebefrielse vid sjukdom och efterlevande pension. Detta tas ut med en procentuell summa från kapitalet.

2. Skatt. Avkastningsskatt dras årligen ifrån försäkringen.

3. Valda fonders förvaltningsavgift.

4. Marknadsrisken, det vill säga börsens svängningar.

> "För att undvika denna typ av värdeminskning, som i Peders pension, finns bara ett råd att ge: Undvik fonder i ditt pensionssparande. Välj premiegarantiförvaltning eller traditionell förvaltning. Men då får man inte blir besviken över avkastningen. Den kan aldrig bli så hög som på aktiemarknaden."
>
> Joakim Jidemo, försäkringsexpert Nordea

Fem råd om pensionsförsäkring med fondförvaltning:

1. Ta alltid reda på hur pengarna förvaltas och vilka fonder som kapitalet placeras i.

2. Om man gör fondplaceringar så är man ute på börsen i viss eller i full utsträckning. Detta innebär en risk, vilket gör att man behöver se över sina placeringar med jämna mellanrum.

3. Fondförvaltning innebär val av risknivå. Ta reda på vilken risknivå din försäkring har och ta ställning till om den passar dina behov och möjligheter. För hög risk? Omplacera kapitalet till lägre risk.

4. Ha en personlig kontakt på din bank som ser till hela din privatekonomi så att allt sparande och alla placeringar tas med när omplacering ska ske.

5. När ska kapitalet användas? Tid spelar en stor roll när det gäller placeringar.

KÄLLA: CARIN PÄRNAMETS, CHEF PRIVATMARKNAD DANSKE BANK.

Tänk på detta när du väljer pensionsförvaltare

Var alltid mycket skeptisk till orealistiska avkastningar och vidlyftiga löften.

Informera dig noga hur samtliga avgifter staplade på varandra slår på, gröper ur, ditt insatta kapital och en förväntad avkastning på cirka 5 % per år.

Ta god tid på dig innan du fattar ett investeringsbeslut.

Kolla alltid upp den som vill ta hand om dina pengar så du vet med vem du gör affärer.

Numera är det tillåtet att flytta sitt tjänstepensionskapital till ett annat bolag, antingen till en ny traditionell försäkring eller till en annan fondförsäkring, om man är missnöjd med avkastningen på sitt ursprungliga val. Men räkna noga på om det lönar sig. Det kan bli onödiga avbräck vid ett byte. Låt göra en objektiv beräkning vad du skulle vinna/förlora och vad det skulle kosta dig att flytta din tjänstepension. Var observant på att även bankerna vill sälja sina egna tjänstepensioner till dig. Be om en neutral kostnadsberäkning och konsekvensanalys.

Så här flyttar du ditt ITP-kapital

Om du vill att dina intjänade ITP-pengar ska förvaltas i ett annat försäkringsbolag än idag, kan du flytta pengarna till ett annat bolag. Du gör flytten direkt på Collectums hemsida.

Hela flytten tar mellan en och fyra månader.

Innan du flyttar bör du undersöka om det lönar sig för just dig. Det finns två sätt att göra en kapitalflytt – med hjälp av en e-legitimation eller via blankett.

Det enklaste sättet att flytta intjänade ITP-pengar från ett försäkringsbolag till ett annat, är att logga in direkt på Collectums hemsida med en e-legitimation. Du skaffar e-legitimation genom en bank eller Telia.

KÄLLA: COLLECTUMS HEMSIDA.

Massor av frågor till M-magasin

Som privatekonomisk coach i *M-magasin*, under rubriken *Pengarna & Livet*, får jag stora mängder frågor med samma återkommande tema:

Hjälp mig. Är det här erbjudandet från min bank bra eller dåligt?
Vad ska jag göra?
Vad ska jag välja?
Vem kan jag lita på?
Vem vänder jag mig till?
Min bank tycks bara vilja sälja sina egna produkter.

Ständigt samma frustration hos människor som inte har råd att betala för oberoende och opartisk rådgivning om bästa val för just hennes pension och plånbok. Avgifterna och kostnaderna skulle nämligen sluka avkastningen på en för liten kapitalinsats. Men har du stor plånbok? Ja, då finns det ett antal fristående specialister på pensions- och försäkringslösningar som – mot avgift och provisioner – förhoppningsvis kan ge lönsamma råd baserade på jämförelser av ett stort urval olika och konkurrerande alternativ. Den sortens avancerad rådgivning om pensioner och försäkringar brukar i största utsträckning rikta sig till företag, företagare och förmögna privatpersoner.

Men du ska vara medveten om att även dessa fristående rådgivare eller försäkringsförmedlare är knutna till andra kommersiella aktörer. Kopplingen ligger i den provision förmedlaren får om och när de säljer en annan aktörs försäkrings- eller fondprodukter. Fråga därför alltid om och hur mycket din rådgivare får i provision på vad han eller hon säljer till dig. Ställ även denna fråga till din egen bank om de sparprodukter du erbjuds där. Vissa banker tar provision. Andra inte. Gå därefter hem och fråga dig själv om det är värt priset innan du fattar ditt beslut.

Blygheten och osäkerheten inför bank och finansfolk är påtaglig och utbredd. Det vågar jag påstå baserat på erfarenheten från alla de privatekonomiska frågor som jag får till *M-magasin* och som i jämn ström flöt in till mitt frågeforum i *Sydsvenskan*.

Den blygheten och osäkerheten utgör ett handikapp och skapar ett underläge. För det krävs både framåtanda och ett ganska stort mått kunskap för att kallt kunna välja rätt i det gigantiska urvalet hos massor av pensionssäljare, försäkringsmäklare, finansbolag och banker. Det är inte lätt att leta upp det billigaste och det bästa alternativet med lägsta avgiften, eller helst ingen avgift alls.

En bankrådgivare jag talat med medger frankt att det i princip är omöjligt för vanligt folk att få opartiska och oberoende råd:

”Det är svårt det där med att få en riktigt ärlig second opinion. Går du till en konkurrent så kommer den aktören med största sannolikhet slå ner på förslaget för att få sälja sitt eget företags produkter. En mäklare gör det definitivt. En annan bank skulle möjligen ge dig mer ärliga svar.

Vad jag vet finns det idag inga konsulter som bara utvärderar sparprodukter utan att själv sälja egna. Det kanske skulle finnas en marknad för detta?”

Att goda råd är dyra (och svåra att få tag på) det vet även Annika Creutzer, före detta chefredaktör för facktidskriften *Privata Affärer*, en månadstidning som också ständigt får frågorna: Hur göra med räntan, sparandet, pensionen, försäkringarna?

"Man ska komma ihåg att bankens rådgivare är försäljare. Rent oberoende privatekonomisk rådgivning är svår att hitta", sa Annika Creutzer till *Sydsvenskan* redan 2007.

Lyssna på fattigspararna

Här vill jag släppa in några röster ur brevskörden till *M-magasin*, vittnesmål om ett hopplöst informationsunderläge, rop från "fattigsparare" värda mer uppmärksamhet. Det är för sorgligt, i ett land som Sverige, att så många människor ska vara så strandsatta att den enda utväg de ser är att leta privatekonomiska råd hos olika tidningar och tidskrifter. Dessa råd kan i bästa fall vara kloka, allmängiltiga och vägledande. De kan också vara för vidlyftiga. Men råden kan i vilket fall aldrig vara individuella.

Frågorna och de svar som följer utgör ett axplock ur *M-magasin* i tidsspannet 2006–2008.

Hej!

Jag jobbar som förskollärare och tänker gå i pension nästa år vid 61 år. Jag kommer att få en dålig pension. Jag har just nu en del pengar som jag vill placera för att förbättra pensionen, men jag har inget förtroende för bankernas rådgivning.

Jag funderar på att skaffa en rådgivare som hjälper mig att välja och lär mig lite om hur jag ska agera. Vem ska jag vända mig till? Hur kan jag göra?

Jag oroar mig väldigt mycket för hur ska jag göra med pengar. Just nu finns de på ett vanligt sparkonto med dålig ränta och dagarna går.

Mvh Carmen

– Vänta med att gå i pension. Det lönar sig. Det höjer den månatliga statliga pensionen ganska mycket. Det är också en bra investering. Be

Försäkringskassan göra en beräkning åt dig på vad konsekvensen blir om du går i pension vid 61 år istället för 65. Men om du nu bestämt dig så råder jag dig att kontakta Konsumenternas Bank- och finansbyrå. Fråga vem eller vilken trovärdig rådgivare du kan vända dig till med dina placeringsbekymmer. Konsumenternas bank- och finansbyrå har särskilda tidpunkter för kundfrågor.

Du kan också vända dig till Konsumenternas försäkringsbyrå med dina frågor. Gå in på deras hemsidor. Där hittar du telefonnummer dit du kan ringa och be om råd.

Med ett relativt litet sparkapital (några hundra tusen?) bör du välja trygga och riskfria placeringar. Bankkonto med hyfsat hög ränta och med statlig insättningsgaranti kan vara ett alternativ. Eller en kort räntefond.

Ett riktigt tryggt placeringsalternativ är Riksgäldskontoret. Men räntan är dock inte så hög. Var försiktig med sparprodukter med avgifter.

Hej Birgitta

Undrar om jag ska fortsätta placera PPM pengarna och mitt privata pensionssparande i fonder? Har placerat i riskfonder, för närvarande Balkan, och tjänat en hel del på detta. Är 63 år i december, sjukpensionär med livränta efter en arbetsskada i mitt jobb som lärare. Är lite osäker på vad jag ska göra nu när jag närmar mig 65.

Är det bättre att sätta in pengarna på ett vanligt sparkonto eftersom jag inte arbetar längre?

Mvh Anne-Kari

– Det generella rådet är att trappa ner risken i sitt pensionssparande ju närmare man kommer pensionen. Att ha dina besparingar på ett bra konto med hög ränta kan vara ett alternativ om man vill ha riktigt låg risk.

Kolla finansportalen.se, en hemsida som bland annat visar och jämför olika sparkontona, samt krav och insättningsgarantier. Du kan också gå in och jämföra på compricer.se.

Du kan också byta till en så kallad generationsfond, som anpassas till din egen åldersgrupp enligt principen:

Är du ung = högre risk – eftersom du har tid på dig att ta del av både ner och uppgång i konjunkturerna.

Är du över 60 = låg risk – eftersom du som exempel på bara tre års spartid riskerar att drabbas av lågkonjunktur och börsfall, vilket medför att besparingarna krymper – istället för att fortsätta växa till sig eller åtminstone befinner sig på en stabil nivå inför pensionsdagen

Trist facit

Idag kan vi läsa facit i backspegeln. De som 2007 fortsatte att ta särskilt riskfyllda positioner med sina pensionspengar på börsen, som i Asien-, Rysslands- och Baltikumfonder och inte hann gå ur i tid, fick se sina pensionsfonder, även andra fondinnehav för den delen, ordentligt decimerade.

Vanlig fråga till *M-magasin*:

Hur påverkar lågkonjunktur och börsfall min pension?

– Först och främst måste du komma ihåg att man inte tar ut hela sin pension vid 65 års ålder. De uttagen ska löpa under minst 20 års tid, och under de 20 åren hinner pensionspengarna påverkas av både låg- och högkonjunktur, och därmed åter hinna växa till sig. Bergochdalbanan mellan konjunkturerna finns alltid där.

Men tänk på en sak: De pengar du behöver inom ett till två års tid ska inte vara placerade i aktiefonder. De ska stå på banken. Med bra ränta.

"Börsen är en sparbössa, ingen plånbok", säger exempelvis den slagfärdige sparekonomen Claes Hemberg på Avanza Bank.

Låt också detta bli ditt mantra: Sök alltid låga avgifter på ditt sparande.

Råd efter finanskrisen

Den förödande finanskrisen som exploderade 2008 blev en fruktansvärd upplevelse för miljontals pensionssparare i hela världen. Desperata småsparare stod vilsna med beslutsångest. Vad ska jag göra? Sitta lugnt i båten? Eller sälja mina snabbt urholkade besparingar och placera om?

Svåra beslut för en vanlig pensionssparare. Mindre svårt för den som i jämförelse sitter på ett kunskapsöverskott.

De som besitter detta kunskapsöverskott är de stora och kunniga, och därför självsäkrare aktörerna, som i någorlunda tid kan rädda vad som räddas kan i kraft av sin erfarenhet och kunskap om alternativa lösningar.

Man kan förstå vilken panik många människor känner när de ser sina pensioner krympa. Den värsta finanskrisen på 100 år brakade lös den 15 september 2008. I början av november hade PPM-fonderna i genomsnitt backat med 30 %. Vid årsskiftet hade den svenska börsen rasat med 42 %. Feta, svarta rubriker skrek ut hur många miljarder som gått förlorade både i pensionsfonder och i företag (räknat på aktiekurser). Allt medan tusentals och åter tusentals aktie- och värdepappershandlare jorden runt hängde över sina dataskärmar för att inte missa en bråkdel av en sekunds kursförändring, för att kunna trycka på köp- eller säljknapp i vad de som proffs hoppades var rätt tillfälle.

Ett givetvis oerhört svårbedömt läge även för vanligt folk.

Att gå in eller ur en jetströmsliknande börs med sina pensionsplaceringar vid rätt tidpunkt?

Vad ska man ta fasta på?

Kasta sig på datorn eller på luren och säga: Sälj allt jag har så att jag slipper förlora alla mina besparingar?

Eller?

Tänk efter.

Det kan i det läget redan vara för sent, såvida du inte absolut är tvungen och måste ha tillgång till reda pengar just då. Behöver du absolut få tillgång till kapital inom kort tid: rädda då vad som räddas kan. I annat fall kan det vara både billigare och mer givande att köpa in sig i ett bottenläge efter ett långvarigt börsras. För efter nedgång kommer ju alltid en uppgång. Se bara vad som hände året därpå. I slutet av 2009 låg den svenska börsen på plus 47 %.

Tänker man i sådana banor är det inte så dumt att avsätta en fast men begränsad summa varje månad med autogiro till sitt pensionssparande. Man kan ju alltid säga stopp. Men sanningen är aldrig enkel och entydig.

Det finns självklart ett annat perspektiv och andra alternativ. Man måste vara vaken och beredd på nödvändiga omplaceringar, som att byta till mindre riskfyllda placeringar. Det gäller att våga ta en förlust för att inte förlora ännu mer genom "att sitta still i båten".

Har du som exempel pensionen i en kapitalförsäkring får du vara alert och vaksam. Den sparformen kräver att du håller koll på dina investeringsval i försäkringen. Skälet är att innehållet i kapitalförsäkringen – fonder, räntepapper eller aktier – måste växa med minst 5 – 7 % per år för att det ska vara lönt att investera i den sparformen på grund av skatte- och avgiftskonstruktionen.

Det kan också vara aktuellt att "vikta om", som det heter, och sälja alltför riskfyllda aktier/fonder och föra över kapitalet till mer långsiktigt hållbara alternativ, som en liten andel globalfonder med låg riskprofil eller indexfonder med låg eller ingen avgift alls och som är baserade på bolag på den svenska börsen, alternativt räntefonder eller rent av till traditionella sparkonton om du behöver tillgång till reda pengar inom loppet av något år.

Hej Birgitta!

Jag är 58 år och har tänkt gå i pension vid 65. Jag har lite privat sparande i fonder och så har jag en tjänstepension, och de sedvanliga PPM-pengarna. Jag har jobbat som lärare sedan jag var 22, men har varit hemma med barn i tre år. Hur som helst så är jag nu jätteorolig över hur kraschen här i höst (2008) påverkar min pension som jag ska börja ta ut när jag är 65. Jobbet som lärare är ju rätt tungt så jag vet inte om jag orkar jobba tills jag är 67 eller 71. Hur ska jag göra? Ska jag börja spara mer, eller? Nu sparar jag 500 kr i månaden.

Annika

– Du har sju år kvar till din pension. Börsen går upp igen. Det är så marknaden fungerar. Det ingår alltid en risk när man sätter sina pensionspengar i värdepapper på börsen. Man bör dock se över sina placeringar i god tid före pensionen. Du tänker alltså rätt.

Kanske ska du sänka risken i dina pensionsplaceringar, både när det gäller de privata fonderna och din tjänstepension. Det finns ju numera flytträtt för tjänstepensionen och den bör du kolla om du har nytta av.

Det bästa är att ta hjälp att se över nuvarande placering och kanske göra vissa omplaceringar. Breda globala fonder med inslag av räntor kan vara en bra grund. Allt beror dock på när du skall ta ut pensionen och på nuvarande placering. Men om dina pensionspengar varit med på hela nedgången nu, och om du inte tänker påbörja ditt pensionsuttag direkt, finns det nog anledning att åtminstone låta en del fortfarande vara placerade i aktiemarknaden. För du vill väl inte missa den uppgång som bör komma, om inte 2009, så sannolikt 2010?

Ta proffshjälp att beräkna din pension och dess olika delar. Gå till banken och tala med en privatrådgivare. Tala med Försäkringskassan. Tala med ditt försäkringsbolag. Har du en hygglig arbetsgivare kanske den låter dig ta hjälp av en försäkringsmäklare som kan analysera hela ditt pensionsupplägg och ge dig råd om förändringar. Många arbetsgivare erbjuder sina anställda en sådan service.

Men någonstans måste ändå hela din privatekonomiska situation vägas in för att kunna ge dig råd om vilka val du bör göra.

Har du huslån?

Hur ser din ekonomi ut vid din pensionering?

Är lånen färdigbetalda?

Ska du bo kvar i huset eller sälja det?

Vilka förändringar på kostnadssidan kalkylerar du med?

Det är viktigt att kolla både inkomst- och kostnadssidan för att kunna bedöma hur stor pension du behöver.

Fråga dig: Under vilken löptid ska jag plocka ut pensionen? I vissa fall är en pension livsvarig. En stor del kommer att stå kvar i placeringen under en längre tid. Allt betalas ju inte ut direkt.

Din bankrådgivare kan hjälpa dig att räkna ut vad som är bäst för just dig i din situation, samt när och under hur lång tid dina olika pensioner kan betalas ut.

Rent generellt gäller att tjänstepensionen brukar vara relativt tryggt placerad i en traditionell pensionsförsäkring. Inte heller dessa pengar ska då påverkas i någon större utsträckning. Men har du emellertid gjort ett eget val i placeringen av pengarna till din tjänstepension bör du kolla hur det står till. Har du exempelvis tagit en fondförsäkring kan läget vara akut.

Kapitel 1:2

Vakta din pension – många vill åt den

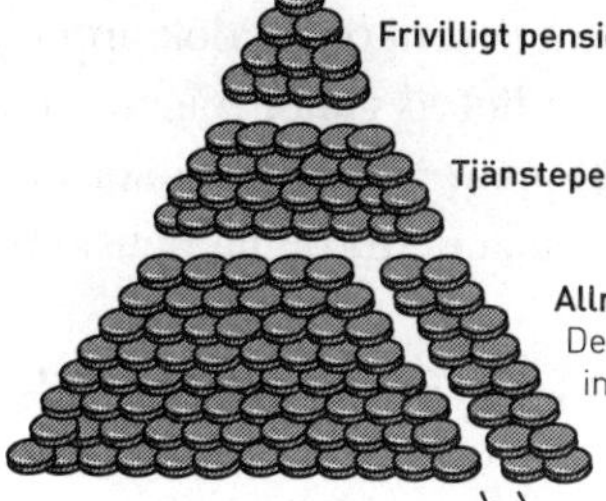

Pensionerna skapar förvirring. Pensionsbegreppen är många och snarlika, så även de kommersiella aktörerna. Ett antal pensionsbegrepp är dessutom förlegade och tagna ur bruk. Det ställer till problem.

Det politiska beslutet att införa ett nytt allmänt pensionssystem, som bygger på hela livets arbetsinkomster, fattades som sagt 1998. Då sjösattes bland annat PPM-systemet och då försvann också begreppen folkpension och ATP, dock inte ur folkmun och inte i allmänhetens föreställningsvärld. Dessutom tror många att avtalspension och tjänstepension är två olika pensioner. Fel. Det är samma pension.

Många utgår också från att det är staten som ska trycka på knappen när pensionerna ska börja ticka in i våra plånböcker. Så är icke fallet. Sitter du still och väntar i soffan på att pensionen ska dimpa ner i brevlådan efter 65-årsdagen? Då väntar du förgäves. Det händer ingenting. Det är du själv som måste trycka på startknappen. Problemet är bara att det inte finns en startknapp, det finns många och det är inte lätt att veta var man ska hitta dem alla. För det måste man göra själv.

Denna oklarhet, villrådighet och brist på samlad och lättbegriplig information tar sig många uttryck. Ett sådant bevis fick jag försommaren 2009 i ett brev med en rad intressanta frågor och bland dem: Hur ska man göra för att få ut sina pensioner? Vem ska ta initiativet? När får, bör eller kan man ta ut sin pension?

En annan allmän fråga som också dök upp i brevet är mycket vanligt förekommande. Vanligtvis gäller frågan om man ska ta ut den allmänna pensionen när man är 61 år (vilket är tillåtet), fortsätta sitt yrkesarbete och satsa hela det uttagna pensionskapitalet i en kapitalförsäkring.

På den frågan kan jag svara ett omedelbart: Gör för allt i världen inte det. Du kan åka på en jätteskattesmäll.

Pensionen och inkomsten adderas, vilket gör att skatten blir högre och att du även kan riskera att hamna över brytpunkten för statlig skatt. Detta i kombination med årliga avgifter på försäkringen och en eventuell negativ börsutveckling, gör att ditt uttagna pensionskapital istället för att växa, riskerar smälta samman och att du dessutom under tiden måste betala avgift. Dessutom gör det tidiga uttaget att du livet ut får 17-22 % lägre pension (förutsatt att du fortsätter jobba tills du är 65 år, annars sjunker pensionen ännu mer än så). Att utsätta sig för den risken frivilligt är inget att rekommendera.

Det krävs, har Försäkringskassans experter räknat ut, minst 7–8 % avkastning per år för att det här ska löna sig. Minns 2008 då börsen föll med 42 %, vilket var förödande för det privata pensionssparandet. De enda som vinner på denna nya och utbredda affärsidé är den aktör som säljer försäkringarna.

61-åringar är hett byte och en guldgruva för de finansaktörer som får napp när de målat upp fantastiska avkastningsperspektiv. Knepet i marknadsföringen är att locka med att öka din pension och tillföra ett återbetalningsskydd (som saknas i den statliga inkomstpensionen). Lika framträdande är inte informationen om de uppenbara riskerna med kraftigt höjd skatt, 30 % lägre pension livet ut (om du inte fortsätter att arbeta), de årliga avgifternas urgröpningseffekt, samt risken att börsfall istället kan göra dig till fattigpensionär.

Dessutom påverkas A-kassan negativt om du tar ut pension i förtid. Tänk på att om du har ersättning från arbetslöshetskassan, eller kommer att få det i framtiden, påverkas din dagpenning om du tar ut allmän pension. I många fall får du endast 65 % av dagpenningen om du tar ut pension. Fråga din arbetslöshetskassa om vilka regler som gäller i ditt fall.

Att denna affärsidé och marknadsföring är ett oskick är både Försäkringskassan och seriösa banker fullständigt eniga om. Låt mig citera Nordeas försäkringsspecialist i Malmö, Joakim Jidemo:

”Att sätta in dessa pengar i en kapitalförsäkring innebär att försäkringen måste avkasta mer än normalt för att gå plus. Detta för att kunna kompensera både den högre skatten, avgifterna och den lägre pensionen! Den lägre pensionen är ju dessutom livsvarig.

Det innebär att kapitalförsäkringen måste ge duktigt med avkastning för att det hela ska landa på plus. Det finns ingen anledning att anta ett sådant erbjudande eftersom den enda som går på plus är den försäkringsmäklare som föreslår denna lösning.

Vad gäller förtida uttag av pension i syfte att placera dessa i en kapitalförsäkring så är detta något som jag med starkt eftertryck avråder ifrån. Det är mycket svårt att räkna hem denna affär som jag ser det.”

Är du utan kollektivavtal?

Då är det absolut läge att starta ett privat pensionssparande. Om du studerar, är arbetslös eller jobbar på en arbetsplats som inte har något kollektivavtal får du inte automatiskt tjänstepension.

Om din arbetsplats saknar kollektivtavtal bör du fråga din arbetsgivare om det finns möjlighet att få en individuell pensionslösning. Saknar du tjänstepension ökar ditt behov av att spara i ett eget privat pensionssparande dramatiskt.

Kommer du sent in på arbetsmarknaden, vilket tyvärr inte är ovanligt för unga människor idag – eller tvingas du hoppa mellan korttidsanställningar, finns det risk för att ditt sammanlagda och pensionsgrundande yrkesliv kanske bara blir tio till femton år långt. Och då blir den allmänna pensionen definitivt inte de cirka 50 % av din slutlön som idag beräknas vara snittet. I sådana fall blir den allmänna pensionen mycket magrare än så.

Läsarfrågor till Sydsvenskan

”Det är svårt att få tag i enkel och tydlig information om hur man ska göra med sin pension och jag hoppas få svar på mina frågor i tidningen”, skriver kommunanställda Ulla och ställer följande frågor:

Vad måste man själv stoppa då det gäller de automatiska utbetalningarna av olika delar i pensionen?

– Det förhåller sig precis tvärtom. Det är du själv som ska sätta igång utbetalningarna. Pensionsuttaget är ditt eget ansvar.

Eftersom det inte finns någon given pensionsgräns uppåt i åldrarna måste du själv ansöka för att få någon pension utbetald. Det ordnar du genom att kontakta Försäkringskassan och uppge när du vill gå i pension, helst minst två månader före den pensionsdag du bestämt dig för. Du kan göra detta elektroniskt via Försäkringskassans hemsida eller genom att fylla i en blankett som du beställer från Försäkringskassan.

Denna anmälan gäller dock bara för den allmänna pensionen, det vill säga den statliga inkomstspensionen och PPM-pensionen. I de fall du ansökt om allmän pension, men sedan ångrar dig, går det bra att meddela Försäkringskassan om detta och då upphör utbetalningarna.

Ansökan för tjänste-/avtalspension görs separat. Uttag av tjänstepension ska du anmäla hos aktuell pensionsförvaltare. Fråga din arbetsgivare till råds om du är osäker vart du ska vända dig. Detta är bra att kolla eftersom en del pensioner (vissa avtalspensioner) betalas ut de första fem åren om inget annat anges.

Du måste också meddela din arbetsgivare om du tänker fortsätta arbeta tills du är 67 år, vilken är en lagstadgad rättighet.

Uttag av privata pensioner ska du meddela den bank eller finansinstitut där du köpt dina privata pensionslösningar. Även detta pensionsuttag råder du själv över.

Det är du som ska säga till när och hur du vill ha pensionspengar utbetalda.

Vilka pensioner är bäst att ta ut vid vilken tidpunkt? Och hur går det till? Vem ska jag tala med och vem ska ha vilken information och när?

– Bara du själv vet när det är bäst för dig att gå i pension. Du kan gå i pension när du är sextioett eller när du är åttio om du vill. Har du en anställning så tickar pensionsinbetalningarna på utan avbrott.

Gäller det att få så hög pension som möjligt ska du vänta med att ta ut pensionen. Vill du sluta jobba så tidigt som möjligt, eller gå ner till halv- eller deltid, bör du reda ut hur stor din pension blir vid olika uttagsåldrar för att ta ställning till om du klarar en tidig pension ekonomiskt.

Försäkringskassan erbjuder pensionsinformation på sin hemsida och vid regelbundna informationsträffar över hela landet. Du kan också beställa ansökningsblanketter, broschyrer samt kopia på ditt senaste årsbesked.

Ditt tjänste-/avtalspensionsbolag kan ge dig information om din avtalspension. Kolla med din arbetsgivare.

Du kan också gå till din bank och be dem göra en pensionsprognos med olika alternativa uttagsåldrar och olika stora pensionsuttag. Man behöver nämligen inte ta ut alla pensioner på en gång och man kan ta ut olika stora andelar.

Via sajten www.minpension.se får du en översikt av ditt pensionsutfall vilket kan hjälpa dig att ta beslut om när det är dags att gå i pension.

Den statliga inkomstpensionen har inget efterlevandeskydd. Premiepensionen kan du dock begära att få komplettera med ett efterlevandeskydd. Det är bra att veta i valet av vilken pension du vill börja ta ut först. Ingen i din familj får alltså glädje av din inkomstpension när du är död. Då kan det vara idé att använda de pengarna så fort som möjligt om du är i den lyckliga situationen att ha råd att låta andra delar av pensionen stå kvar outtagna och växa till sig.

PPM-pensionen kan du, om du är i sextioårsåldern, låta stå kvar orörd. Den pensionsandelen är inte så stor hos dem som går i pension inom de närmaste åren. Skälet är att PPM-inbetalningarna inte pågått så länge. Det betyder att du kanske kan avvakta att ta ut premiepensionen och istället kanske roa dig med att se om du kan öka avkastningen själv, genom lönsamma fondbyten. Det kan du tillåta dig eftersom en möjlig felspekulation inte gör dig till fattigpensionär. 2009 var fondbyten inom PPM-systemet fortfarande avgiftsfria. Detta kan dock ha ändrats sedan dess. Det fanns före denna boks publicering förslag på att införa avgifter på fondbyten inom PPM-systemet.

Finns det en ordlista som förklarar vad jag som privatperson måste ta ställning till och göra inför sextiofemårsdagen?

– Nej, det finns ingen sådan ordlista. Men den nya pensionsmyndigheten som trätt i kraft den 1 januari 2010 ska förhoppningsvis göra det lättare att få en mer samlad pensionsinformation.

Varje år får du ett orange kuvert som visar hur mycket du förväntas få i allmän pension vid olika uttagsåldrar och som också beskriver pensionssystemet.

För att få en vidare översikt kan du logga in på www.minpension.se med din personliga kod som du skaffar från Pensionsmyndigheten eller med bank-ID eller e-legitimation. Där får du uppgift om hur stor din allmänna pension samt tjänste-/avtalspension totalt beräknas bli. Har du sedan privata pensionsförsäkringar redovisar vissa institut resultatet via denna sida. Om inte så är fallet kan du själv lägga till dessa uppgifter för att få en komplett bild.

Vad gäller för de pengar man har i olika fondbolag?

– De pengar som avsätts till premiepensionen väljer du själv fonder till. Varje år får du i det orange kuvertet information om utfallet i de PPM-fonder du valt.

De fonder du valt till ditt privata pensionssparande får du information om från berörda fondbolag eller den bank som sålt fonderna till dig. De fonder du valt att investera i till din tjänste-/avtalspension kommer det separat information om.

Vad gör fondbolagen? Vilken skyldighet har de att informera/påminna den enskilde?

– Saken är den att det är du som har huvudansvaret för att hålla koll på dina egna pensionsinvesteringar. Du köper en tjänst och skriver ett avtal med ett fondbolag. Vid detta tillfälle kan man försäkra sig om att få återkommande information om utfallet.

Tips: Spara på aktuella dokument och årsrapporter.

Kommunanställda eller andra inom den offentliga sektorn får inte pensionsinformation som är heltäckande eller begriplig.

– Detta är tyvärr en ökänd sanning. Tryck på via ditt fackförbund för att få till stånd en förbättring och information värd namnet. För dig som är anställd inom det kommunala området kallas tjänstepensionen KAP-KL.

För mer information kontakta kundservice på telefon 020-650 500. Eller skicka e-post till: kundservice@kpa.se.

Är det ur skattesynpunkt fördelaktigt att t.ex. vid sextiofem års ålder fortsätta jobba deltid fram till sextiosjuårsåldern, gå ner till halvtidstjänst och ta ut någon del av pensionen för att lägga i nytt sparande i annan form?

– Du betalar skatt på din totala inkomst, det vill säga på både pension och lön. Det är fullt möjligt att arbeta heltid eller deltid och ta ut full pension. Varning dock för de skatteeffekter som detta ger.

Ju längre du väntar med att ta ut din allmänna pension desto högre blir den eftersom den då beräknas utbetalas färre antal år. Du bygger också på ditt pensionskapital för varje år du arbetar och det betalas in avgifter till pensionssystemet, vilket också gör att din pension blir högre för resten av livet.

Exempel på pensionseffekter

Att låta pensionen växa till sig de sista åren i arbetslivet lönar sig i de allra flesta fall. Det kan ge tusenlappar mer netto i månaden.

Här följer en prognos hämtad från Försäkringskassan (2009) på hur stor inkomstpensionen blir om du går vid 61, 65 och 67 års ålder. Exemplet gäller en tänkt person, 60 år gammal, med 27 000 kr/mån och som har arbetat med jämn inkomstutveckling under 40 år. Prognosen är beräknad efter en lönetillväxt på 1,6 %. Sifforna är månadsbelopp.

Uttag 61 år: 11 200 kr.

Uttag 65 år: 13 000 kr.

Uttag 67 år: 17 900 kr.

Till detta kommer tjänstepension. Läget är likartat om du är kommunal- och landstingsanställd eller LO-ansluten. Tjänstepensionen blir också lägre eller högre på grund av längre/kortare utbetalningstid.

Man får börja ta ut sin ålderspension från 61 år

Det finns olika kombinationer. Du är inte tvungen att ta ut allt eller intet.

Man kan välja på att ta pensioner till 25, 50, 75 eller 100 %.

Det är viktigt att du reder ut hur stor din pension blir, inklusive tjänstepensionen, vid olika uttagsåldrar. Denna beräkning kan du ta fram på webbadressen: minpension.se. Där kan du göra prognoser som ger en bild av din totala framtida pension där din allmänna pension, tjänstepension och viss privat pension ingår.

Beloppen är uträknade med hjälp av uppgifter från Försäkringskassan, Pensionsmyndigheten och pensionsbolagen. Pensionsmyndigheten eller Försäkringskassan kan göra beräkningar till dig hur din allmänna pension påverkas om du börjar ta ut den från 62 istället för vid 65. Eller om du skulle vänta tills du är 67 år.

Har du haft många olika arbetsgivare kan du själv komplettera med de vanligaste tjänstepensionerna som saknas och även med ditt privata pensionssparande. Du loggar in med hjälp av ditt personnummer samt e-legitimation.

Bra informationskällor:

pensionsbloggen.se
minpension.se
pensionsmyndigheten.se
konsumenternas.se och gå vidare till Konsumenternas försäkringsbyrå. Där finns bra möjlighet att jämföra villkor och olika försäkringar och försäkringsbolag med varandra.

Så stor blir din pension

Gå in på minpension.se Där får du handledning om hur du får fram information om hur stor din pension blir räknat från ett nuläge.

Minpension.se är ett samarbete mellan staten och pensionsbolagen. På sidan får du en samlad bild över din allmänna pension och din kollektivavtalade tjänstepension. Har du haft många olika arbetsgivare kan du själv komplettera med de vanligaste tjänstepensionerna som saknas och även med ditt privata pensionssparande.

Pensionsbolagen kommer successivt att lägga till privata pensioner i de uppgifter som skickas till minpension.se.

Soffliggarens pension – vad händer om jag skiter i allt?

Att själv tvingas spekulera på börsen med en stor del av sin framtida pension. Man kan storkna för mindre. Det gör till exempel min kollega Emma, 38 år – en högutbildad, heltidsarbetande tvåbarnsförälder med chefstjänst, som ställde mig frågan:

> **”Om det nu är så här: Jag skiter i allt, orkar inte utföra alla val. Vad händer då med min pension?”**

Denna fråga beskriver mitt i prick den vanmakt människor känner inför samhällstrycket att själv ”fixa till” en schysst pension genom ”smarta” investeringar.

Det viktigaste budskapet är att man ska tänka långsiktigt. Detta är ett pensionssparande, inte ett tradinginstrument. Vill man inte göra någonting över huvud taget ska man åtminstone ta reda på hur pengarna blir placerade.

Man bör se över sitt pensionssparande någon gång om året, lämpligen när det orange kuvertet kommer i brevlådan.

Bra att veta för soffliggaren: Från och med 2010 kommer Premiesparfonden att göras om till ett generationssparande. Det betyder att andelen räntor kommer att öka i takt med din ålder, vilket sänker risknivån i ditt sparande ju närmare du kommer pensionsdagen.

Men tillbaka till Emmas frågor: Jag skiter i allt, orkar inte utföra alla val! Vad händer då med min pension?

a. Du låter Sjunde AP-fonden ta hand om dina PPM-pengar.

b. Du låter arbetsgivaren lägga din ITP-pott i ickevalsalternativet. ITP har en fördelaktig konstruktion. Om man tar ut den vid 62 år (eller senare) räknas pensionen som om man hade arbetat till 65 år. Varning: uttag så tidigt som vid 61 års ålder är därför särskilt ofördelaktigt för arbetstagare med ITP.

Generella pensionstips

Arbeta efter pensioneringen

I det nya pensionssystemet ger alla inkomster pensionsrätt, även efter det att du pensionerat dig. Vill och kan du är det ett bra sätt att höja pensionen. Du får full pensionsrätt för inkomsterna även om du omfattas av övergångsreglerna (född 1938–1953).

Har du företag tjänar du på att behålla företaget och ta ut lön även efter att du gått i pension. Då får du pensionsrätt för den lön du tar ut.

Alla pensionärer som jobbar efter pensionen får dra av 20 % av inkomster upp till 100 000 kronor och 5 % på inkomster mellan 100 000 och 300 000 kronor (2009).

Ta inte ut mer pension än du behöver

Du kan ta ut kvarts-, halv- eller trekvartspension och därmed få högre pension längre fram. Detta gäller både inkomstpension och premiepensionen.

Om du går i pension tidigt blir din pension lägre

Går du i pension vid 61 års ålder blir pensionen cirka 50 % av din inkomst. Slutar du vid 65 får du cirka 60 %. Vid 70 får du runt 70 %.

Tänk på helheten

Tjänstepensionen står för en väsentligt större andel av din slutgiltiga pension än premiepensionen. Din tjänstepension är viktigare för din framtida plånbok.

Du kan ge bort din premiepension

Detta gäller dock bara gifta eller de som ingått partnerskap, inte sambos.

Kolla om du står som förmånstagare i din sambos tjänstepension

Vid dödsfall går annars tjänstepensionen din näsa förbi. ▸

Det är inte alla gånger som sambos finns med i försäkringarnas standardformuleringar. Men kolla detta även om du är gift eller ingått partnerskap. Försäkringar styrs inte av testamenten utan av förmånstagarförordnande. Det är fritt fram att sätta in den man själv vill som förmånstagare.

Kolla hur din partner klarar sig om du avlider
Efterlevandeskydd och grupplivförsäkringar upphör ofta när du har fyllt 65 år.

Månadsspara
Månadsvis sparande i breda aktiefonder med låga avgifter är bra för långsiktigt sparande. Men bara om man kan avvara pengarna i minst fem år framöver. Innan pengarna ska användas kan man successivt flytta över dem till säkrare sparande.

Har du 10-15 år kvar till pensionen? Varför inte avsätta en viss summa i månaden i aktiefonder. Det gäller dock att fasa ner risken ju närmare pensionsåret du kommer. Kolla avgifterna. Ju lägre avgift desto bättre. Jämför också olika fonders avkastning och rankingbetyg. Det kan du exempelvis göra på morningstar.se

Amortera
Att amortera på huslånet är också ett bra sparande.

Spara så mycket du kan avvara
Det går inte att säga hur mycket man skall spara till pensionen. Det hänger på varje individs privatekonomiska förutsättningar. Men det är smart att spara de pengar man kan avvara. Om pengarna inte är bundna kan man också ta ut dem när de behövs. Innan man sparar långsiktigt och bundet ska man ha byggt upp ett buffertsparande. Välj ett sparkonto med hög ränta. Tänk ut vad som kan hända dig, anpassa ditt buffertsparande efter det. Välj konton med statlig insättningsgaranti.

Kapitel 1:3
Pensionsfällor att se upp för

Allt har sitt pris. Ett halvtidsarbete under tio år kan innebära en tusenlapp mindre i tjänstepension i månaden, livet ut. Inte så kul när man väl är där.

Jobba deltid halva vuxna livet och sedan sitta där med Svartepetter = låg pension. Känns problemet igen? Massor av kvinnor kommer tyvärr att upptäcka denna superfälla förr eller senare.

Men gör det helst förr. Det går att förbereda sig. Kolla så tidigt som möjligt i ditt yrkesverksamma liv hur din framtida pension, i alla dess delar, kommer att se. Räkna på olika alternativ: om du jobbar heltid eller deltid och hur länge och fram till vilken ålder.

M-magasin får återkommande sorgliga vittnesmål om hur kvinnor som närmar sig pensionsåldern med ångest upptäcker det svarta hål ur vilket de ska fiska upp sina fortsatta, mycket små levnadsslantar. Har du en hygglig livspartner som har högre lön så kanske det löser sig.
Rakt på sak: Män, dela med er av er pension!

Ewa som skrev till *M-magasin* är långt ifrån ensam:

Hej!
Är en kvinna i 55+ som har en fråga till dig. Har hela veckan försökt få fatt i någon på Skatteverkets privatpensionsavdelning, men det verkar som att alla andra fått samma tanke. Jag har legat på allt från plats 89 till 110 i kön var gång. Så därför tänkte jag fråga dig om råd.

Jag har arbetat lite under mitt liv – barn, ideell verksamhet – mest halvtid. I nio år hemma med barn. Heltid from 2001. Så du förstår att det inte är mycket till pension när det blir dags. Har sparat litet i fonder och dylikt.

Min fråga är: kan vi skriva över en del av min mans pension på mig? Han får ju i så fall lägre skatt och jag mer pension som ger oss tillsammans mer pengar ut. Om det är möjligt hur gör man då?

Vem vänder man sig till?

Tack på förhand om du har tid

Ewa

– Det är helt okej att föra över en del av din mans pension till dig och en sådan fördelning känns ju rätt given efter ett långt liv tillsammans, där du har arbetat i hemmet, för familjen, utan lön.

Observera: Pensionsöverföring är en fallucka för sambor. Detta gäller nämligen bara gifta par och registrerat partnerskap. Inte sambor.

Vitsen med överföringen är att den partner som har lägst lön och därför riskerar att få lägst pension får ta del av den andres pensionspengar. Har den mottagande parten lägre marginalskatt vinner båda på uppgörelsen, eftersom det totalt sett då blir en lägre skattebelastning för dem som par.

Tänk på att beloppet vid överföringen minskas med 8 %. Detta beror på att kvinnor statistiskt sett lever längre än män, att kvinnor har lägre pension än män och att man antagit att det oftast är kvinnor som är mottagare av pensionsöverföring.

Anmälan om överföring av pension görs till Försäkringskassan senast den 31 januari samma år som överföringen ska börja gälla och löper därefter tillsvidare, om man inte säger ifrån att den ska upphöra.

Överföringen måste gälla hela årets pensionsrätt och man kan bara föra över pensionsrätter som man tjänat in under äktenskapet eller partnerskapet. Du kan inte heller återta en överföring. Att ångra sig retroaktiv går alltså inte.

... men som sambo är du alltså torsk. Min reflektion idag: Ni som är sambo: Gift er. Det lönar sig. Lagskyddet på många plan är större för den som är gift och för den som ingått partnerskap än för sambopar. Skulle det gå åt pipan med er relation så kan ni ju alltid skilja er.

Bra tips för mer jämlik ekonomi

Dela på föräldraledighet och vård av sjukt barn så att båda får samma chans till utveckling och bra lön på jobbet.

Anmäl sambon som förmånstagare i eventuell tjänste-grupplivförsäkring om ni vill ha det så.

Teckna extra livförsäkringar om ni har stora bolån eller om någon av er har särkullbarn (d.v.s. barn från tidigare förhållanden).

Tänk på att ...

... både den allmänna pensionen och tjänstepensionen påverkas negativt om den minskade arbetstiden även medför lägre inkomst.

... det kan vara god idé att se till att tjänstepensionen innehåller ett efterlevandeskydd. Det är inte alltid givet. Kolla läget med din arbetsgivare eller med det bolag som har ansvar för din tjänstepension.

Spara i privat pensionsbuffert

Vad kan man mer göra än att föra över pension från en partner eller äkta hälft till den andre?

Egentligen kan man kalla problemet för en könsneutral och allmängiltig låglönefälla, lika väl som en kvinnofälla. Det är dock fler kvinnor än män som jobbar deltid eller som går ner i arbetstid för att ta hand om barnen när de är små.

Låt oss ta fasta på verkligheten.

Ann-Sofie Magnusson, som har många år bakom sig som familjeekonom på Ikanobanken, är outtröttlig i sitt engagemang i privatekonomiska frågor. Jag bad henne reflektera över fler lösningar än att överföra pension:

Att ta större ansvar för barnen tidsmässigt och därmed både få lägre lön och lägre pension ska ändå löna sig. Hur går då den ekvationen ihop? Jo:

Spara genast i ett kompletterande privat pensionssparande från första dagen din hustru/sambo/partner stannar hemma med barnen. Det går alldeles utmärkt att göra detta på annat sätt än med en privat pensionsförsäkring som ju bland annat har särskilda uttagsvillkor.

Varför inte spara i globala fonder eller andra långsiktiga sparformer där riskerna också vägs sin. Tänk på att välja sparformer med låga avgifter, eller helst inga alls, så att sparkapitalet inte urholkas.

En "gammaldags" långsiktig sparmetod är att spara i investmentbolag som ju i sin konstruktion redan är en slags aktiefond eftersom det ingår en mängd olika bolag i ett investmentbolag. En fördel är att denna investering inte är belastad med avgifter.

Men väljer man ett obundet pensionssparande gäller det att hålla fingrarna i styr och inte "smutta" på kapitalet under spartidens gång. Hur mycket som du eller din partner ska avsätta av sin högre lön per månad kan ni be en bankekonom räkna ut åt er. Räkna på hur många år deltidsperioden varar. Utgå från hur mycket den som går ner i arbetstid tappar i pension under de åren.

Men OBS! För att rädda denna påse pensionspengar från att delas upp eller rinna tillbaka i den "rikares" plånbok vid en skilsmässa eller separation måste insättningarna göras till enskild egendom. Ta hjälp av jurist så att allt bli korrekt formulerat och dokumenterat och förvarat. Skriv för säkerhets skull också ett testamente.

En livförsäkring kan man kanske flika in som ett sidotips i sammanhanget. Kolla med din bank om det är en smart lösning för just era livsomständigheter.

Fakta: PPM-överföring

En pensionssparare kan välja att överföra sin premiepensionsrätt till sin make/maka eller till registrerad partner. Den avgift som tas ut beror på att man räknar med att det kommer att ske fler överföringar från män till kvinnor än tvärtom, och att kvinnor i medeltal lever längre än män. Överföringskostnaden har för något år sedan sänkts från fjorton till åtta procent.

Nära åttatusen pensionssparare utnyttjar möjligheten att överföra sin pensionsrätt. Av överföringarna går 98 % till kvinnor. Överföringen upphör automatisk vid en skilsmässa.

Är ni gifta och en av er har mycket högre inkomst än den andre, då kan den som har hög lön alltså skänka framtida insättningar till premiepensionen till sin maka. Makan får endast 92 % av det skänkta beloppet. Men det kan ändå vara lönsamt att göra på det sättet.

Vi är två makar 65 och 71 år gamla med två gemensamma barn. Vid den ena partnerns dödsfall, vad händer då? Sitter den kvarvarande maken /makan kvar i orubbat bo? Måste vi skriva testamente? Vad krävs för att ett sådant ska vara giltigt? Då jag har varit hemma med barnen när de var små samt i övrigt arbetat deltid är min pension mycket låg, och därmed är jag beroende av att få behålla de tillgångar som finns för att klara framtiden om jag skulle bli den som överlever min make.

Tacksam för svar. Jag läser varje nummer av tidningen!

Elisabeth

– Jag blir alldeles ledsen när jag läser alla dessa brev från kvinnor som med sin ängslan vittnar om hur dåligt insatta de är i sin och livskamratens gemensamma ekonomi. Kvinnor som är rädda – och många gånger tyvärr med rätta – för att inte klara vardagsekonomin när mannen är död. Du är sorgligt nog inte ensam i din oro över att kanske bli lämnad ensam och ekonomiskt strandsatt.

Tänk om man kunde vrida klockan tillbaka drygt 40 år och – då 1968 – införa ett system som gav kvinnan betalt i riktiga arbetspensionspoäng som ersättning för de år hon:

1. Först arbetar i sitt hem som barnsköterska, kock och kallskänka, tvätterska, eller som "piga" - om det uttrycket nu känns mer politiskt korrekt i sammanhanget.

2. Sedan när barnen blev större arbetar deltid eftersom inget heltidsjobb finns att få för en lågutbildad småbarnsmamma.

Den verklighet som jag skådat med alla er brevskrivare som vittnen är skrämmande bevis på att mycket av kvinno- och jämställdhetskampen på 60- och 70-talen inte gav så genomgripande resultat som man då hoppades på.

Den ekonomiska jämställdheten är tyvärr långt borta. Kolla bara fackförbunden IF-Metalls och Livs stenhårda vägran att ställa upp på kvinnodominerade Kommunals förslag att LO som helhet ska satsa på särskilda kvinnopotter. Syftet var att på så sätt snabbare kunna höja de bevisligen för låga kvinnolönerna inom LO. Ett bestämt stopp för detta förslag satte dessa grabbiga fackförbund på LO:s kongress i början av juni 2008.

Till saken: Du kan känna dig trygg.

Gifta par ärver varandra. Även utan testamente. Gemensamma barn ärver först när båda föräldrarna är döda. Finns det däremot särkullbarn, det vill säga om du eller din man har barn från ett annat förhållande, då har dessa barn rätt att direkt efter förälderns död få ut minst sin laglott. Den arvsrätten kan inget testamente skriva bort.

De frågor ni gemensamt bör reda ut är:

1. Finns du som förmånstagare i någon av hans pensionsförsäkringar? Eller tjänstepensioner? Finns det efterlevandeskydd? Vem står som förmånstagare?

2. Finns det någon livförsäkring? Samma sak där: Vem står som förmånstagare? Du eller barnen? Eller någon annan? Försäkringar lyder nämligen inte under testamenten, utan under ett förmånstagareförordnande.

3. Skriv också ett testamente där ni anger hur era tillgångar ska fördelas mellan era barn. Inte minst viktigt är att i detta testamente slå fast att den egendom som barnen ärver ska vara deras enskilda egendom.

Så här uttrycker sig en bankexpert: Din makes arv får du med fri förfogandeträtt vilket är mycket mer förmånligt än att sitta i orubbat bo. Det innebär att du kan använda detta arv för egen del, helt efter eget skön. Du behöver inte ens efterlämna något av denna egendom när du själv avlider. Enda begränsningen är att du inte får skriva testamente över egendomen.

Det finns fler fällor och farliga förslag att undvika i sin längtan efter att kunna höja sin lilla pension. Kvinnorna som skriver till Pengarna & Livet om sin pensionsvånda är många.

Hej

Jag är en kvinna på 63 år som funderar mycket över min pension, som kommer att bli dålig eftersom jag var hemma med mina barn i femton år och därefter studerade i fyra, för att sedan ha jobbat heltid från fyrtioårsåldern.

Nu berättade en arbetskamrat att hon har börjat ta ut sin pension

(hon är 62), trots att hon jobbar. Pensionen går direkt in till ett livräntekonto i ett försäkringsbolag. Hon menar att det är mycket fördelaktigt att göra på detta sättet, då hon sedan inte behöver betala skatt på pengarna och dessutom får hennes anhöriga ärva pengarna. Stämmer detta, och vad har du att säga?

Jag är ju i den situationen att jag måste göra allt för att få ut en pension som jag kan klara mig på. Jag vet också att många kvinnor är i samma situation.

MVH

Gunilla

– Du har för kort tid kvar till pensionen för att det skall vara värt att göra ett förtida uttag och sätta pengarna i en livränteförsäkring. Skäl: för att det ska löna sig måste du ta en mycket hög risk i placeringen. Och det kan gå illa på så kort tid.

En sak som du och många andra kanske inte tänker på är att man får betala inkomstskatt på förtida uttag av pensionen. Det kan till och med bli så att du får betala högre inkomstskatt på de pengarna du plockar ut nu, än om du skulle vänta tills du går i pension.

Dessutom får du mindre pension resten av livet. De sista åren ger större effekt på pensionen än man kanske föreställer sig. Det kan röra sig om tusenlappar i månaden netto.

Tänk på dig själv, inte bara på barnen, som ju är vuxna och klarar sig själva.

Nappa inte på taskiga pensionsanbud

Om din arbetsgivare erbjuder dig att gå i pension innan du är 62 år och en månad gammal så är det viktigt att se till att du får din tjänstepension slutbetald. Annars förlorar du massor i pension. Det leder också till väsentligt lägre a-kassa eftersom den baseras på din lön.

Något som oroar Kristina Kamp, presschef på Pensionsmyndigheten, är risken att bli arbetslös i närheten av pensionsåldern i kombination med att man börjat tulla på pensionen i förtid, exempelvis om man vid 61 år börjat ta ut 25 % av pensionen som sidoinkomst.

En av fördelarna med detta är att man då i ”systemet” betraktas som pensionär och får ta del av många förmånliga rabatter i bland annat kollektivtrafiken.

Varning.

Detta är ekonomiskt gynnsamt så länge du har en arbetsinkomst. Omedelbart som du står utan jobb reduceras din a-kasseersättning med ungefär motsvarande procent. Det kan kosta dig stora summor, som på inget sätt uppvägs av några trevliga pensionärsrabatter. Kolla därför genast med a-kassan hur det förhåller sig för din del, om du har en sådan lösning.

Kapitel 1:4

Pensionssystemet - så funkar det

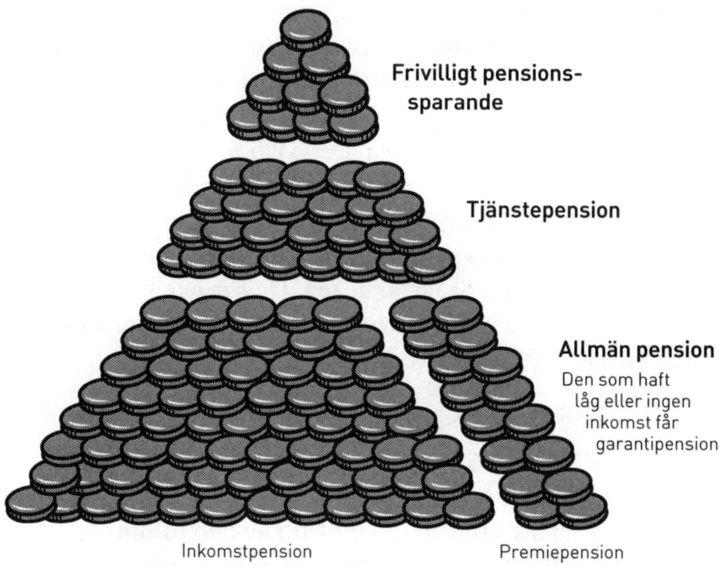

Det finns tre olika slags pension:

- Allmänna pensionen.
- Avtals-/tjänstepension
- Privat pension.

Allmänna pensionssystemet

Den statliga inkomstpensionen ersätter det som i det gamla systemet hette ATP och folkpension. Folkpensionen har ersatts av garantipension och ATP har ersatts av tilläggpension.

Är du född 1953 eller tidigare får du både inkomstpension från det nya systemet och tilläggspension från det gamla. Inkomstpensionen och premiepensionen redovisas i det orange kuvert som du får hem i din brevlåda

Den statliga inkomstpensionen utgör för de flesta grundbulten i pensionen. Varje år sätts 18,5 % av lön och andra skattepliktiga ersättningar av till pensionssystemet. 16 % går till inkomstpensionen och 2,5 % går till premiepensionen. Dessa 2,5 % får var och en själv placera i fonder genom PPM. Väljer man inte någon fond så hamnar de pengarna i Sjunde AP-fondens nya generationsfonder.

För dem som går i pension inom i en snar framtid får premiepensionen liten betydelse. Skälet är enkelt. De har inte hunnit spara särskilt mycket i det systemet. Är man runt 60 år så betyder PPM-sparandet ganska lite.

För den som är ung och som har många år framför sig i arbetslivet blir PPM-delen däremot en viktig del av pensionsförsörjningen. Den kan komma att utgöra upp mot 1/3 av den totala pensionen för den som idag är i tjugofem- till trettioårsåldern.

Det finns inget efterlevandeskydd för inkomstpensionen. Men du kan teckna ett efterlevandeskydd som gör att dina PPM-pengar betalas ut till efterlevande.

Det finns ingen övre eller undre åldergräns för pensionering. Så länge det betalas in avgifter byggs pensionskapitalet på. Går du i pension vid sextiofem års ålder blir din allmänna pension cirka 50–55 % av din lön. Ju längre du väntar att ta ut din pension desto högre blir den och tvärtom. Hur väl din inkomstpension förräntas beror på Sveriges ekonomi.

Garantipension är ett grundskydd. Detta skydd är till för den som haft låg eller ingen förvärvsinkomst alls. Denna pension delas ut först vid sextiofem års ålder.

Avtals-/tjänstepension

Utöver den allmänna pensionen kan du ha en avtalspension via din arbetsgivare, som betalar in premien till denna pension. Grundregeln är att premien motsvarar cirka 10 % av lönen, men storleken på denna varierar, vilket gör att du bör vända dig till din arbetsgivare för att få reda på hur mycket som sätts av till pension och om du har möjlighet att påverka placeringarna. Alla har rätt att placera hela eller delar av sin avtalspension själva.

Avtalspensionen har stor inverkan på hur mycket du kommer att få i pension. Avtalspensionen påverkas av kursras på börsen. Kolla hur du har placerat dessa pensionspengar och hur lång utbetalningstiden är. Den brukar i regel betalas ut under en femårsperiod. Beställ ett samtal med din bankrådgivare eller annan sakkunnig och rådgör om hur du bör agera.

Det finns fyra olika system för avtalspensionerna:

- Saf-LO-avtalspension för privatanställda arbetare
- PFA för anställda i kommuner och landsting
- PA-03 för statligt anställda
- ITP för privatanställda tjänstemän

Privat pensionssparande

Det finns tre former av privat pensionssparande: traditionell pensionsförsäkring i livbolag, fondförsäkring samt IPS som står för individuellt pensionssparande.

Traditionell pensionsförsäkring är den äldsta formen av pensionssparande. Vid traditionell försäkring sköter en förvaltare all placering och du har alltid ett garanterat pensionsbelopp, oavsett vad som händer på marknaden. När kapitalförvaltningen är framgångsrik kan du få del av vinsten i form av återbäring. Kapitalet förvaltas kollektivt av ett försäkringsbolag. Du kan själv inte påverka placeringarna. I en traditionell pensionsförsäkring får du en lägsta pension som du och försäkringsbolaget har gjort upp avtal om. Grundpensionen placeras extra säkert och har en avtalad avkastning på mellan tre till fem procent. Normalt får försäkringsbolagen en högre avkastning på pengarna och då tillfaller överskottet de försäkrade som återbäring.

Fondförsäkring är ett alternativ om du vill kunna påverka förvaltningen av ditt pensionssparande. Då bestämmer du själv i vilka fonder dina pengar ska placeras. Du har ingen garanterad avkastning i en fondförsäkring. Risker och möjligheter hänger oftast ihop. I en fond med hög risk kan värdet stiga mycket, men även sjunka mycket.

En fondförsäkring kallas också för unit-linked-försäkring och fungerar i stort sett som en vanlig pensionsförsäkring,. Skillnaden är att det är du själv som avgör hur sparandet ska förvaltas. Det betyder att det är du själv som väljer i vilka av de erbjudna aktie- och räntefonderna som placeringen ska ske.

Det går även att när som helst – OBS i vissa fall mot avgift – att byta mellan fonderna. Det ska också gå att flytta pengar mellan olika bolags fonder. Observera också att i unit-linked försäkringar har du ingen avtalad lägsta avkastning.

Sedan 1 januari 1994 kan pensionssparande även ske i individuellt pensionssparande (IPS) i bank eller värdepappersbolag. IPS är ett sparande utan försäkringsmoment. Du bestämmer själv hur mycket och hur regelbundet du vill spara. Nästan alla bankens fonder är tillgängliga för IPS-sparande. Du kan också spara i aktier, räntebärande papper eller på bankkonto. Enklast sparar du då månadsvis genom automatisk överföring från ditt bankkonto.

Alla får göra avdrag för pensionssparande på upp till 12 000 kronor (2009). Det privata pensionssparandet läggs ovanpå den statliga pensionen och avtalspensionen. De andra pensionerna minskas inte på grund av att man tar ut en privat pension. Eventuellt bostadstillägg (BTP) kan dock påverkas.

Pengarna kan tas ut från 55 års ålder i minst fem år, och beskattas som inkomst av tjänst. Om du avlider innan pengarna betalats ut, tillfaller sparkapitalet dina förmånstagare. Har du inga förmånstagare betalas pengarna ut till ditt dödsbo.

Sparandet ska grundas på ett skriftligt avtal. I avtalet ska du ange spartiden, tidpunkten då utbetalningarna ska börja och det antal år utbetalningarna ska pågå. Vanligast är att avtalet består av dels allmänna villkor och dels en individuell del.

Hur mycket får jag från de olika delarna?

1. Privat pension/frivilligt pensionssparande

Hur mycket du får ut från ditt privata pensionssparande beror på hur mycket du sparat och hur väl förvaltningen av pengarna lyckats. Det finns andra sätt att spara, till exempel att amortera på huslån. Det är minst lika bra som att pensionsspara.

2. Tjänstepension/avtalspension

En tumregel är att tjänstepensionen utgör ungefär 10 % av den totala pensionen för inkomster upp till 7,5 x basbeloppet, det vill säga 381 750 kronor 2009. För inkomster därutöver utgör tjänstepensionen en större del. Utfallet av tjänstepensionen beror också på hur lyckosam förvaltningen är.

3. Premiepension

Kan bli upp till en tredjedel av hela pensionen för dem som haft avsättningar hela sitt yrkesverksamma liv, det vill säga från och med 1995. Ju äldre du är, desto mindre del av din totala pension utgörs av premiepensionen.

4. Inkomstpension/allmän pension

Inkomstpensionen motsvara ungefär 50–55 % av din totala pension.

5. Garantipension

Garantipensionen utgör en grundtrygghet för den som inte arbetat eller bara arbetat i ringa omfattning. Har du aldrig haft några arbetsinkomster får du ingen inkomstgrundad pension. Hela din pension kommer då att bestå av garantipension. Har du en låg inkomstgrundad pension får du garantipensionen som ett tillägg till den intjänade pensionen. 2009 fick omkring 50 % av alla kvinnor i åldern 65–70 år hela eller delar av sin pension som garantipension.

Pensionsutfallet beror också på hur väl man lyckas placera dina pengar, samt inte minst: storleken på avgifterna. Har du två fonder med samma avkastning, men där den ena har 1 procentenhet högre avgift, kan det kosta dig upp mot 500 000 kronor mer i avgifter, räknat på pensionssparande under ett långt yrkesliv. Detta räknestycke gäller självklart även vanligt privat sparande i fonder. Inte minst viktigt är fondvalet för unga människor som själv ska placera hela sin tjänstepension i det som heter ITP1, och då slår fondavgifterna enormt hårt.

> **Är du 30 år och sänker avgiften med 1 procentenhet får du cirka 20 % högre pension."**

För det citatet står informationschefen Jenny Jeppson på Collectum som slussar pensionspengar från arbetsgivarna till de förvaltningsbolag som tjänstemännen valt att placera i. Collectum har tagit fram ett par exempel på hur lägre avgifter påverkar din slutpension:

- En 30-åring som sänker sin avgift med en procentenhet och som fortsätter att tjäna in pengar till ITP kan höja sin ITPK med 20 %.
- En 40-åring kan på samma sätt höja sin ITPK med 13 %.
- En 50-åring med 8 %.
- En 60-åring med 3 %.

Exemplen tar bara hänsyn till avgifternas påverkan på kapitalet. Syftet är att åskådliggöra hur stor skillnad det blir på lång sikt mellan en låg och en hög fondavgift.

Vad är ett basbelopp?

Prisbasbeloppet ligger till grund för olika sociala förmåner – garantipensioner, sjuk- och föräldrapenning samt studiemedel. Prisbassbeloppet för 2010 har sänkts med 400 kronor jämfört med 2009, till 42 400 kronor. ▸

Det finns även inkomstbasbelopp som för 2009 är satt till 50 900 kronor. Inkomstbasbeloppet används för att beräkna högsta pensionsgrundande inkomst och tak för uttag av allmän pensionsavgift.

Pensionen i arv?

Följande pensioner går inte att överlämna i arv och de ingår alla i den allmänna pensionen: inkomstpensionen, tilläggspensionen (den del av ATP som de som är födda 1938–1953 har) och garantipensionen.

De pensionsfordringar som finns kvar när en person avlider innan de är "förbrukade" går in som arvsvinster i pensionssystemet och finansierar pensionen åt de som lever längre än medellivslängden.

Av den allmänna pensionen är det bara efterlevandeskydd kopplat till premiepensionen och den arvsrätten är begränsad. Det gäller därför att man skriver in vem som ska ärva PPM-pensionen.

Ställ frågor och ge dig själv svar

Ställ dig själv ett antal viktiga kontrollfrågor om hur du vill leva ditt liv efter pensionen. Red sedan ut hur mycket du behöver i pension varje månad för att kunna uppfylla dina betalningsplikter och dina drömmar. De svar du får fram får sedan ligga som grund för det beslut som är bäst för just dig och din livssituation.

Det rådet ger Carin Pärnamets, chef för Privatmarknad på Danske Bank i södra regionen, som har många års erfarenhet av privatekonomiska frågor. Hon framhåller att det är svårt att ge en generell "mall" för hur pensionsuttag ska göras. Börja med att fråga dig:

1. Hur ser mitt liv ut vid pensionen?

- Ska jag bo kvar i huset, ska det säljas?
- Vad vill jag göra på min fritid?
- Har jag försörjningsbörda för någon mer?
- Hur ser mina löpande utgifter ut?
- Vad behöver jag för inkomst för att leva det liv jag tänkt mig?

2. Ta pension före 65?

- Stäm av med Pensionsmyndigheten hur detta påverkar din pension. Den allmänna pensionen påverkas livet ut genom att du får ett mindre belopp.
- Kolla hur tjänstepensionen kan fördelas och när utbetalningarna kan börja. Detta kan arbetsgivaren svara på.
- Premiepensionen har du förvaltat själv. PPM kan du ta ut delvis om det skulle vara bra för dig.
- Om du väljer att jobba och plocka ut pension samtidigt så tänk på att du skattar för både inkomst och pension. Det kan bli hög skatt. Kolla detta.

3. Vilka pensioner ska jag börja ta ut?

- Tänk så här: Vilka pensioner har du inte efterlevandeskydd på? Det är nämligen de som går till "spillo" om du inte finns i livet. Det är pensioner som bara kan gå till den försäkrade, det vill säga dig. Se till att dessa betalas ut, så att de inte tillfaller kollektivet i händelse av ditt dödsfall.
- Kolla hur förmånstagarförordnandet ser ut på befintliga pensioner så att det överensstämmer med dina önskningar. Förmånstagare kan normalt vara make, maka, registrerad partner, sambo och egna barn.
- Gör en pensionsprognos på samtliga pensioner. Det visar det totala beloppet som betalas ut vid tidpunkten för din pension, exempelvis 65 år och framåt. Detta är bra att göra eftersom en del pensioner (som vissa avtalspensioner) betalas ut de första 5 åren om inget

annat anges. Det innebär ofta att totala pensionen efter 70 år blir lägre. Är det okej för dig?

4. Kontakter/ hjälp

- Ta hjälp av Pensionsmyndigheten som kan räkna prognoser på eventuellt förtida uttag.
- Orange kuvertet.
- Arbetsgivaren, som kan ge dig info om din tjänstepension.
- Avtalspensionen kanske du har valt att förvalta själv. Bolaget du valt som förvaltare kan ge dig information om hur mycket pensionskapital som finns där.
- Privat sparande får du information om hos din bank.
- På sajten minpension.se kan du få bra information och prognos på din pension.

Och så vill jag lägga till:

- Vill du ha ett bollplank? Boka ett personligt möte hos din bank och be banken göra en pensionsprognos. Ett rådgivningsmöte i banken är gratis. Dessutom kan din rådgivare även se över dina eventuella lån och räntor, vilka också har betydelse för din totala ekonomi och ditt övriga sparande och som därmed också har betydelse för din pension. Beslut om när och hur du tar ut din pension gör ingen annan än du själv. Men ju större beslutsunderlag du samlar in desto bättre möjlighet till en bra pensionsplan.

- Har du en partner? Diskutera då gärna hur ni vill ha det med ert framtida och gemensamma pensionsliv. Kanske en av er vill sälja huset för att resa och den andra av er vill bo kvar för att ha mer tid till trädgård. Även en sådan fråga har betydelse för pensionen.

Kapitel 2

Spara

Kapitel 2:1

Konsten att spara

Att ge råd om bästa spartips är en delikat historia. Det finns sällan ett givet svar. Många rådgivare framträder trots detta som synnerligen tvärsäkra. Ofta framställs de i medierna som "objektiva" eller "opartiska" experter. Glöm det. Oftast företräder de sin egen bank eller bolag.

En överväldigande majoritet av de analytiker och finansiella rådgivare som vi konsumenter förlitar oss på inom bank- och finansvärlden är något så krasst som marknadsförare av bankens eller finansbolagets egna sparprodukter. Dessa analytiker eller rådgivare bör därför presenteras som de säljare de egentligen är.

Ett är emellertid tvärsäkert: Inga sparråd är stensäkra, oavsett hur kaxiga rubrikerna är. Även ekonomijournalister kan ställa till det genom att förmedla budskap som kan uppfattas som konkreta investeringsråd, utan att råden är direkt uttalade. Skriver man att råvaruboomen är över för den här gången, eller att räntefonder inte längre är en bra investering, då säger man indirekt att en satsning på råvaror från en låg nivå kan bli en "billig" investering. På samma sätt uppfattas då en satsning på motsatsen till räntor, det vill säga aktier med kraftigt sänkt kurs, som ett "klipp".

Vem garanterar att så blir fallet?

Förhoppningen att en gång kunna göra det snabba stora "klippet" med sina sparpengar utgör mer en stor risk än en reell möjlighet.

Tro inte på allt. Läs istället på i fack- och dagspress (finns även på bibliotek) och lyssna på radio och teve om ekonominyheter. Samla på dig information från många håll och dra sedan dina egna slutsatser.

Hur ska man tolka en så kallad "teknisk analys"? Den sägs indikera att kursen på den eller den aktien vid en särskild punkt i ett diagram kommer att falla eller stiga "rent statistiskt". Hal is, tycker jag och fler kritiker med mig.

Jag känner en kapitalförvaltare som har modet att gå mot strömmen, som avstått från att löpa chickenrace på börsen, som klarsynt inser den överhängande risken att inte kunna hoppa av i tid, innan botten går ur, och därmed riskera att förstöra stora kapitalvärden på grund av hets och kortsiktighet. Denna förvaltare stod som exempel emot trycket och den förklenande kritiken mot "fega" ränteplaceringar som en alltför lågavkastande investering under den stora resan uppåt på börsen fram till ungefär halvårsskiftet 2007. Styrelsen, som ville satsa djärvare, är idag med facit i hand efter superbörskraschen och finanskrisen 2008/2009 tacksam att ränteplaceringarna inte byttes ut mot större risk i aktier. På det sättet har hon – för det är en hon – räddat ett stort stipendiekapital från att smulas totalt sönder och samman av den gigantiska finanskrisen.

Det är bara att lyfta på hatten för den som vågar stå emot och satsa på en måhända, i våghalsarna ögon, "tråkig" men trygg långsiktighet. Ett axplock citat ur ekonomipressen från årsskiftet 08/09 får tala för sig själva:

"Se upp för räntefonder: Sämre än ett sparkonto. Höga avgifter, men dålig avkastning."

"Gör klipp på förlorarna - följ den här grundmallen."

"Experterna siar – bästa aktieköpen 2009."

"Gör ett aktieklipp 2009. Med ett lågt ränteläge och hög direktavkastning är förutsättningarna mycket goda att göra ett riktigt klipp nästa år."

Tro inte på allt

Det är förrädiskt att tro blint på auktoriteter. Läs och lyssna klarsynt och kritiskt på olika råd om bästa spar- och investeringstips. Den bästa lösningen är att du själv skaffar dig ett kunskapsövertag för att kunna genomskåda, eller gilla, de råd och tips som smattrar ur en lång radda experter.

Lyssna inte bara på en. Lyssna på många. Försök sedan hitta en opartisk rådgivare som kan analysera alternativen.

Man måste ha klart för sig att banker generellt inte är opartiska i sin rådgivning. Banktjänstemannen företräder sin egen bank och vill förstås framhäva just sin banks fördelar och möjligheter. Men du kan till exempel tala med antingen oberoende Konsumentverket eller Konsumenternas Bank- och finansbyrå, eller Konsumenternas försäkringsbyrå.

Du kan också anlita någon av de försäkrings- och investeringsrådgivare som finns på marknaden, men som då tar betalt på ett eller annat sätt för sin rådgivning, antingen som avgift eller i procent av avkastningen, eller både och. Det betyder att du bör ha en rejäl slant att investera för att det ska löna sig att släppa till en del av avkastningen som betalning för rådgivningen.

Men även hos dessa rådgivare ska man vara medveten om att det kan vara så att de får provision på de produkter, fonder och försäkringar som de förmedlar. Fråga alltid om de får förmedlingsprovision. Det är viktigt att ha klart för sig hur stora avgifter som går till mellanhanden, innan man fattar ett investeringsbeslut.

Kräv kommunal rådgivning.

Alla vanliga finanskonsumenter – du och jag, våra kolleger och grannar – med vanlig plånbok, har behov av en oberoende instans att gå till för att få opartiska och kompetenta råd om hur vi ska placera våra sparpengar och pensionspengar.

Kommunerna erbjuder idag fri konsumentrådgivning och skuldsaneringshjälp. Vore det inte rimligt att samhället erbjuder även personlig privatekonomisk rådgivning? Åtminstone i de viktiga besluten hur vi ska investera våra pensionspengar för att få en rimlig och jämlik pension.

Det minsta man kan begära av riksdagspolitikerna är att de får till stånd en sådan samhällsservice inom en rimlig tidsrymd.

Syna förvaltaren

Det finns självklart mer att säga, som att: syna alltid en fondförvaltare. När man ska spara pengar gäller det att hålla huvudet kallt och att ge sig tid, verkligen veta vem det är som ska få tjäna pengar på dina pengar under lång tid. Det lönar sig att vara noga med det valet.

Om du själv investerar/sparar i fonder förhåller det sig så här med avgifterna: Om du har två fonder med samma avkastning, men där den ena har en procentenhet högre avgift kan det kosta dig upp mot 500 000 kronor mer i slutändan, räknat på pensionssparande under ett helt yrkesliv. Men detta gäller självklart även vanligt privat sparande i fonder.

Checklista på frågor du bör ställa dig innan du gör ditt val:

- Vem är förvaltaren?
- Finns det någon garanti för sparandebeloppet (till exempel vid insättning på konto)?
- Hur stor är summan för samtliga avgifter som tas ut?
- Hur ser den historiska avkastningen ut?
- Kolla fonduppgifter på bland annat sajten morningstar.se

Syna även bankernas villkor

En som mycket slagkraftigt formulerat kritik mot bankernas snåriga villkor i sina kundprodukter, tjänster och räntevillkor är DN:s dåvarande redaktör för Din Ekonomi, Maria Crofts. Hon sätter fingret på det stora problemet att konsumenten omöjligt kan jämföra villkor på vanliga banktjänster inom olika banker. Så här skrev Maria Croft i en av sina krönikor för något år sedan. Läget är tyvärr inte annorlunda idag:

Att försöka jämföra sparräntor är exempelvis en rysare. Där finns en uppsjö av konton som vänder sig till kunder med olika förutsättningar. Jag bara väntar på att det skall komma ett extra förmånligt sparkonto som vänder sig till sparare som kan stå på ett ben och samtidigt balansera en tekopp på huvudet!"

Man undrar när tillsynsmyndigheten Finansinspektionen ska kräva att banker måste erbjuda villkor som gör det möjligt att jämföra tjänster och konton i olika banker och finansinstitut med varandra.

Det enkla och begripliga – dags att gå tillbaka till gå

Du ska inte tro att du är dum när du inte förstår dig på en komplicerat sammansatt sparprodukt, typ aktieindexobligation eller olika hedgefonder och derivatinstrument. Enkla och lättbegripliga ränte- och aktiefonder lär nog vinna mark igen efter finanskrisen, då dyra, dåliga och komplicerade sparprodukter visade sig vara allt annat än riskfria, trots säljargument om motsatsen.

Här nedan följer en allmänt intressant fråga som kom till Sydsvenskans *Dina frågor/Våra råd* vid årsskiftet 2007/2008. Frågan kom under en period då börsen börjat sjunka efter många års uppgång, men dock innan 2008 års globala kursras, med ett störtlopp som startade den 15 september då den amerikanska investmentbanken Lehman Brothers kraschade. Svaret som jag gav den gången speglar den osäkerhet som rådde bland många analytiker om den fortsatta marknadsutvecklingen.

Vilka aktier/fonder ska jag satsa på: ryska, kinesiska eller indiska och varför? Eller råder Du något helt annat. Tacksam för svaret! W. Rönn.

– Sorry. Det finns tyvärr ingen gräddfil till det rätta fond- eller aktievalet. Några aktuella citat från finanspressen ger dig en bild av hur skakigt konjunktur- och börsläget är just nu.

CITAT UR VECKANS AFFÄRER:

"Det finns ingen bransch där man förväxlar tur och skicklighet så mycket som i finansbranschen."

"Det är stor risk att USA hamnar i en recession om vi inte redan är inne i en."

"Nu ställer spekulanterna åter in siktet på Asien, som är snabbast växande regionen för hedgefonder i världen."

"En global trend är att hedgefonder i ökande grad söker kapital från vanliga konsumenter. Röster höjs därför för att skärpa kontrollen. Men FI (Finansinspektionen) betonar att den enskilda investeraren själv måste läsa på noga."

CITAT UR AFFÄRSVÄRLDEN:

"Börsen lär fortsätta ner så det är lika bra att sälja aktier och hålla sig till bankkonton. Men ska man välja bankkontot eller en räntefond?"

"Risken är stor att detta decenniums "bull market" är till ända och därför är det bäst att minska andelen aktier och ta hem vinsten medan den existerar."

Dessa citat kan kanske ge en fingervisning om att det bästa du kan göra är att själv läsa på, själv söka information hos olika banker eller finansinstitut, hos nischbanker, på nätet och i tidningar och radio. Och därefter själv dra en slutsats av vad du vill satsa på.

I *Affärsvärldens* artikel om säkra pengar i orostider nämns tre alternativ: bankkonton, likviditetsfonder eller statsskuldväxlar.

Det finns allmänna råd att tillgå om hur man kan placera sina pengar i låg-, mellan- eller högriskalternativ. Ring din bank som en start för grundläggande information. Men var då också medveten om att bankens rådgivare är försäljare och att utbudet av placeringsalternativ är bankens produkter, inte konkurrenternas, även om de skulle passa dig bättre.

Aktiespararna kan säkert också dela med sig av sin erfarenhet och tips på var du kan söka specialinformation. Konsumenternas Bank- och finansbyrå är en oberoende instans som också kan svara på frågor.

De frågor som du dock bör ställa dig själv redan nu är:

1. Vilken risk är du villig att ta?
2. Hur stora summor har du råd att förlora på en placering?
3. Vad förväntar du dig för avkastning?
4. Är det läge att lägga pengarna på ett sparkonto i bank med hög ränta och "övervintra" till den globala börsoron är över?
5. Hur lång tid tänker du ligga kvar i en investering?
6. Till vad sparar du och i vilket syfte?
7. När vill du kunna ta ut och använda dina besparingar?

Att ge exakta råd om hur någon ska investera och satsa sina besparingar låter sig tyvärr inte göras. Den typen av råd måste bygga på en utförlig analys av ålder, livssituation och hur den privata ekonomin ser ut som helhet.

Inget är stensäkert på börsen

Det visade sig också under börsrasens år 2008 att flera av de hedgefonder som banker och finansinstitut sålt till vanliga sparare som "säkra sparprodukter i börsfall" rasade i värde i alla fall. Så illa var det alltså ställt med det påstått inbyggda skyddet, "hedgen".

Inte heller generationsfonder – som i sin placeringsinriktning anpassas till ökad andel så att säga "säkra" placeringar ju närmare kunder kommer pensionsåldern – visade sig vara så säkra som utlovats.

Följande fråga kom till *M-magasin* hösten 2007:

Hej Birgitta
Läser din spalt i M-magasin och jag tycker att den är toppen.
Nu min fråga: Vad skulle du föreslå mig att ta för typ av sparform till framtida behov? Är singel, quinna, 51 år, har inget pensionsspar (har vanligt banksparande) eftersom min lön har varit låg i många år. Jag har nu fått en helt annan anställning med hög lön och behöver snabbt börja spara till framtida behov. Bor i bostadsrätt.
Hälsar Antica

– Se upp för vad som händer på börserna runt om i världen. Det skakar efter drygt fem års oavbruten uppgång. Var klok. Det är oklokt att sent i arbetslivet riskera att förlora sina pensionspengar på aktier inför ett förväntat och sannolikt långvarigt kursfall. Förra utförslöpan varade i drygt tre år.

Sätt av så mycket du någonsin kan avvara av din lön varje månad, i säkra placeringar, typ räntefonder eller räntebärande papper. Det ger något lägre avkastning än aktier (i en börsuppgång vill säga), men är säkrare än aktier eller aktiefonder eftersom du har relativt få år på dig att spara till pensionen.

Utnyttja din avdragsrätt maximalt. Tala med din bankrådgivare om detaljupplägget. Det kostar inget. Möjligen får du ett råd därifrån att dela upp ditt sparande 50/50 i aktier och räntor. Men som börsläget ser ut – med risk för ett nytt mångårigt börsfall – så skulle jag själv avstå från aktiealternativet.

Ett gott råd är att satsa på det som heter IPS (Individuellt pensionssparande). Det anses vara en bra och billig lösning. Sparandet är avdragsgillt. Vill du spara mer än det du får dra av i deklarationen så duger ett vanligt fondsparande bra.

Men akta dig för så kallade säkra blandprodukter som innehåller en massa olika sparformer: aktier, fond i fonder, hedgefonder och räntepapper. De blir ofta mycket dyra i kostnader och avgifter i förhållande till avkastningen.

Ett säkert kort är att även passa på att amortera på sina lån när man är stadd vid kassa.

Har du kvar gamla allemansfonder?

Jag har förstått att indexfonder ofta når bättre resultat än aktivt förvaltade fonder. Jag har en del "gamla" fonder, bland annat allemansfonder, men vill nu börja spara i en svensk och en global indexfond. Tycker du detta är ett bra val; hyfsad avkastning utan engagemang från min sida? Jag har tänkt mig Avanza Zero som svensk fond, men är osäker på val av globalfond. Har du något förslag?

Med vänlig hälsning, S T Kvist

– Indexfonder har blivit omåttligt populära även bland privatpersoner. Man härmar helt enkelt proffsen som sedan länge har satsat på indexfonder med lyckat resultat.

Men det finns en hemlighet bakom proffsens framgångar. De har ofta kört med "dubbla kort". Deras strategi omsatt för att passa en privatsparare kan uttryckas så här: Fördela sparandet mellan avgiftsfria indexfonder med bra historik och bra fonder med aktiv förvaltning, men med låga avgifter.

Allemansfonderna som infördes 1984 var det första skattesubventionerade privata pensionssparandet. Då var dessa fonder alldeles utmärkta sparalternativ. Men nu, 24 år senare, har de spelat ut sin roll och fått skarp konkurrens av moderna och billigare fonder.

Byter du från allemansfond till en modern fond så kan du som exempel sänka din avgift från 1,5 % ner till 0,5 % eller till 0 %, beroende på vilken fond du väljer. Fonder med låga avgifter, eller helt avgiftsfria, hittar du bland annat i nätbankernas fondutbud. Även vissa finanshus och banker erbjuder numera avgiftsfria indexfonder.

Men det finns ett aber.

Det kommer förmodligen att gå åt en hel del i skatt när du säljer de gamla innehaven i allemansfonden. Så länge försäljning inte sker kommer du att få avkastning även på den latenta skatten. Den stora vinsten med att byta ut gamla fonder, som man är missnöjd med, uppstår framför allt om det uppstår en relativt liten skatteavbränning samt om de nya innehaven kommer att leverera en tydligt högre avkastning.

Men för att kunna ge ett konkret råd till dig behövs en mer heltäckande bild över ditt sparande, din placeringshorisont och inte minst din risktolerans. Utan dessa uppgifter är det i praktiken omöjligt att hitta rätt i en individuell rådgivning.

Chans att tjäna stort på nätet

"Spara tusenlappar med aktieaffärer på internet istället för på traditionell bank", skrev Sydsvenskan för något år sedan i en artikel om avgifter för aktiehandel på traditionell bank jämfört med samma affär hos nätmäklare.

Det visade sig att det kunde bli trettio gånger dyrare att köpa aktier via bankkontor. Samma affär kunde som exempel då kosta nittio kronor på nätet, men så mycket som tretusen kronor genom banken.

Prisskillnaderna finns även idag. Kolla själv vad du får betala för en aktieaffär. Använd någon av de många jämförelsetjänster som finns på nätet.

Det kan också bli dyrt att handla med enskilda aktier. När du köper eller säljer en enskild aktie måste du vid varje affär betala en avgift till mäklaren. Denna avgift kallas courtage. Storleken varierar mycket mellan bankerna. Men oavsett hur lågt courtaget är så lönar det sig inte att göra alltför små aktieaffärer.

Courtagen är visserligen lägst hos nätmäklarna, men glöm inte att du måste betala minst ett minimicourtage varje gång du köper och säljer aktier även hos nätmäklare. För små och för många affärer gör därför att du riskerar att gå back på affären.

Informera dig också om alla andra avgifter som förekommer vid aktieaffärer. Utnyttja möjligheten att förhandla med de traditionella bankerna om både avgifter och storleken på courtaget.

Det går att tjäna pengar på staten

Du kan exempelvis välja en obligation. Det fungerar som ett lån du ger till staten mot en viss ränta. Den mest kända typen av obligation är premieobligationer. Den fungerar som ett lotteri, där du kan vinna pengar vid olika dragningar.

Det finns flera sorters obligationer:

- Riksgäldsspar med fast ränta.
- Riksgäldsspar med fast ränta skyddat för inflation.
- Statsobligationer, realobligationer och statsskuldsväxlar säljs på auktioner på internet.

Tänk på detta när du ska spara

Jaha. Så ska jag alltså investera i ett sparkapital. Långsiktigt. Låt säga under fem till tio år. Vad väljer jag då för sparform? Inte lätt.

Hängslen och livrem – säkra sparformer

Statliga Riksgälden
Att spara där blev mycket populärt i finanskrisens spår då spararna sökte sig till säkra placeringar. Sverige kan knappast gå i konkurs. Över 100 000 svenskar har i dag konto hos Riksgälden. Det handlar ofta om stora belopp, totalt finns 44 miljarder kronor insatta (dec 2008).

Privatobligationer
Obligationer är en trygg sparform och bra för dem som vill veta hur stor avkastningen blir under flera år. En obligation ger oftast högre ränta än bankkontot.

Bankkonto
Ett bra sparkonto med hög ränta är en säker parkeringsplats för dina pengar när börsen är ostadig. Sök konton med statlig insättningsgaranti och hög ränta. Förvissa dig dock om att det institut där du öppnar ditt konto har en stabil finansiell grund. Det kan ta tid att få tillbaka sina insatta pengar om finansbolaget går i konkurs.

Garantifonder
En garantifond fungerar så att värdeökningen efter en viss tid låses in och bildar en ny lägsta nivå, eller nytt "golv" för placeraren. När kursen stiger flyttas garantinivån automatiskt med upp.

Räntefonder
En räntefond kan vara ett tryggt alternativ när aktiemarknaden är i gungning. Tumregeln är att välja korta räntefonder när räntorna är på väg upp. Långa obligationsfonder ger bättre avkastning under perioder när de långa räntorna är på väg ner.

Premieobligationer
Om du vill att räntan varje år ska delas ut som vinster i ett lotteri i stället för att du får ett bestämt belopp varje år kan premieobligationer vara alternativ för dig.

All reklam har ju en baksida, trots alla säljande lockrop om säker och god avkastning. Dessutom finns den svajiga börsen som både en fara och möjlighet. Att satsa sina besparingar på börsen i olika former innebär alltid en risk

Hur gör jag då? Vem frågar jag? Vem kan jag lita på? Vad ska jag välja? Det finns hur många lockrop som helst. "Investera i vår produkt" si eller så. Alla banker tycks bjuda på det allra bästa alternativet för just dig.

Men så enkelt är det naturligtvis inte. Det första du ska tänka på är:

Köp aldrig en sparform du inte förstår hur den fungerar. Ta reda på både risker och fördelar. Och du: var otrogen. Testa flera banker.

Beställ tid med en bankrådgivare och sätt dig ner och fråga om vad de har att erbjuda dig och till vilka villkor. Gå sedan till nästa bank och gör om samma procedur. Inse att du har en god förhandlingsposition. Så tala gärna om att du i bank X erbjöds de och de villkoren och undra sedan vad banken Y har att erbjuda inom samma område.

Ta dig tid. Jämför alltid villkor, avgifter och avkastningshistorik mellan olika bankers produkter som:

- Kapitalförsäkringar
- Aktieindexobligationer
- Globalfonder
- Räntefonder
- Generationsfonder
- Branschfonder
- Indexfonder
- Aktiefonder
- Regionala fonder
- Räntefonder
- Hedgefonder
- Blandfonder
- Fond-i fonder
- Råvarufonder
- m.fl.

Kolla sedan de olika alternativen hos olika oberoende informationskällor som faktiskt finns till hands.

Allmänna sparråd

Spara aldrig i aktierelaterade produkter om du inte vet att du kan avvara pengarna de närmsta fem åren.

Pengar du behöver de närmsta fem åren bör du spara på ett säkert sätt. Välj ett bankkonto med bra ränta och utan uttagsavgift eller korta räntefonder med låg avgift.

Om du behöver alla pengar den närmsta tiden – sälj. Om du inte behöver pengarna inom ett halvår men är orolig – sälj hälften.

Om du inte behöver pengarna de närmsta fem åren men är orolig – sälj efterhand och sätt in i säkrare placeringar. Sälj i god tid innan du behöver pengarna.

Se också över vilken risknivå du har i ditt sparande. Passa på att sälja eventuella fonder med hög avgift som inte gett dig den avkastning du förväntat. Säljer du både andelar med vinst och andelar med förlust samma år kan du kvitta vinst mot förlust och minska skatten.

Vill du ha lägre risk kan du spara hälften i aktierelaterade produkter och hälften i räntebaserade produkter. Väljer du den strategin kan du sedan försöka hålla nivån, hälften av varje över tiden genom att styra nysparandet till den del som är lägst värderad.

Att köpa aktier i några olika investmentbolag är ett bra alternativ till aktiefonder. Aktier passar för den som är mycket intresserad och har tid att följa med vad som händer. Sprid risken genom att köpa aktier i många olika branscher. Aktiesparande kräver mycket pengar och mycket tid.

▶

Om du sparar på mycket lång sikt – t.ex. till pensionen – kolla upp så att du inte endast har riskfonder. Månadsspara i breda aktiefonder med låg avgift. Flytta sedan efterhand till säkrare papper när du börjar närma dig pensionsåldern.

Ett sätt att begränsa riskerna när man sparar i aktier och aktiefonder är att sätta upp gränser för både upp- och nedgång. Och sen alltid sälja när målet nåtts eller om aktierna eller fondandelarnas värde närmar sig den egna nedgångsgränsen. Även om det kan vara svårt att hinna med när nedgången kommer plötsligt och blir stor på en gång, måste man för att vara säker ändå agera. När det varit en lång uppgångsperiod kan det vara smart att sälja en del och placera i säkrare sparande för att inte förlora stora delar av vinsten vid ett eventuellt börsfall.

Kolla vilka val du har gjort för dina premiepensions- och tjänstepensionspengar. Det kan vara idé att flytta om det är förmånligare hos annan förvaltare.

Kapitel 2:2

Olika sparformer

Sug på denna sifferlek med miljarder:

Vid halvårsskiftet 2009 uppgick de svenska hushållens totala sparande till 3 400 miljarder kronor.

Den samlade fondförmögenheten i Sverige var vid samma tidpunkt uppe i 1 400 miljarder kronor.

I oktober 2009 ökade nysparandet i fonder med 17 miljarder kronor netto, vilket då var det största inflödet under en enskild månad dittills, enligt Fondbolagens förening.

I december 2009 var fondförmögenheten inom dåvarande PPM-systemet cirka 300 miljarder kronor.

Fondförmögenheten inom den privata avtalspensionssektorn är också miljardstinn. Det förvaltade kapitalet inom ITP är 80 miljarder kronor. Siffran för avtalspensionen SAF/LO ska också vara 80 miljarder kronor, enligt Collectum. Sammantaget alltså 160 miljarder kronor i förvaltat pensionskapital (2009).

Varje år betalar privata arbetsgivare in omkring 38 nya miljarder i premier till pensioner åt sina anställda (18 miljarder från tjänstemannasidan och cirka 20 miljarder från LO-sidan).

Möjligheten för banker och finansbolag att tjäna pengar på detta gigantiska sparkapital lockar fram intensiva säljmetoder och snåriga – många gånger även dyra och direkt olämpliga – sparalternativ för gemene mans privatekonomi. Enligt Fondbolagens Förening drar fondbolag in drygt 14 miljarder kronor i bruttointäkter – per år – på våra fondköp (2009). Omkostnader och rabatter ska räknas ifrån, men vinsten på våra sparpengar är ändå hisnande.

Hundratusentals förvaltarstyrda PPM-fondbyten per år – mot avgift förstås – är den senaste trenden. En fondbyteshysteri som riskerar att gynna bytaren mer än spararen. Under hösten 2009 förde finansmarknadsminister Mats Odell i den borgerliga regeringen ändå på tal att införa helt fri flytträtt inom PPM-systemet, vilket skulle släppa in även bankerna i massbyteskarusellen. Kritiken uteblev inte. Inte minst från kollegan socialförsäkringsminister Cristina Husmark

Pehrson som menade att fritt fram för pensionsflytt inom PPM-systemet skulle bli en blåslampa på en redan alltför glödhet marknad. För gissa vilken massiv kostnads- och avgiftsökning detta skulle medföra. Flyttarbetet är inte gratis och vem är det som får betala? Självklart kunderna. Det vill säga du och jag med vårt sparkapital.

Finansmarknaden vill såklart spränga alla slussar. Vinstmaximering ingår i de flesta affärsupplägg.

Frågan är vem som ska ha rätten att få tjäna mest på vårt jättelika sparande. Du eller finansmarknaden?

Man kan få finansfrossa för mindre.

Gör det därför till en vana att alltid samla fakta och repa mod inför valet av sparform. Du kan lära mycket genom att läsa på och skapa dig en bild av vad du bör betala (eller *inte* betala) i avgifter för att ställa dina pengar till förfogande till banker eller fond- och finansbolag.

Collectum är opartisk valcentral och knutpunkt för ITP – tjänstepensionen för omkring 1,7 miljoner privatanställda tjänstemän. 2008 förmedlade Collectum 18 miljarder kronor i premier mellan 30 000 företag och ett tjugotal försäkringsbolag. Så här säger Jenny Jeppsson, informationschef på Collectum, om avgifter på pensionssparande:

”Den framtida pensionens storlek bestäms av flera faktorer bland annat avkastning och avgifter. Från försäkringsbolag och försäkringsmäklare återkommer ofta argumentet att avkastning är mycket viktigare än avgifter för det samlade utfallet.

Och visst, det är lätt att inse att det är bättre att placera sina pengar till en avkastning på 10 % och en avgift på 1 % än att placera dem med en avkastning på 2 % även om avgiften bara är 0,1 %.

Problemet är bara att det inte är så enkelt.

Det är omöjligt att på förhand avgöra hur stor avkastning man kommer att få i ett visst placeringsalternativ. Oavsett vad som kommuniceras så är detta ett faktum.

Däremot kan man få en klar bild av vilka avgifter ett visst placeringsalternativ innebär. Därför är det rimligt att man som pensionssparare ägnar stor uppmärksamhet åt de olika placeringsalternativens avgifter."

Och så här säger Jonas Lindmark, analyschef på fondsajten morningstar.se om fondavgifter:

"Kräv att få del av stordriftsfördelarna. Finansbranschen försöker dubbla sina intäkter genom att först krångla till fondutbudet och sedan ta betalt för rådgivning. För att våga välja ett enkelt och billigt fondsparande behöver du förstå branschens logik. Den grundläggande mekanismen bakom fondbranschens utveckling är de extrema stordriftsfördelarna – det kostar i princip inte mer att förvalta en miljard än att förvalta en miljon, men för en bransch som tar betalt i procent av förvaltat kapital blir intäkten tusen gånger större."

Det är bara att hålla med. Var alltid mycket noga med att jämföra avgifter på likvärdiga fonder, även när du köper fonder utanför pensionssparandet. Kräv alltid att få tillgång till jämförande information.

Kräv också svar på frågan: Vad får jag kvar av mitt sparkapital per år, när alla kostnader och avgifter är avräknade?

Ge dig tid att välja och vraka, ställa villkor och sedan söka bättre villkor hos konkurrerande banker och bolag om du inte är nöjd. Glöm aldrig att det är du som är kund. Att det är du som äger rätten till ditt sparkapital och dess avkastning. Säg nej tack och leta vidare efter bättre sparande om du inte gillar läget.

Fega kvinnor

Enligt en sparandeundersökning som Nordea genomförde 2009 har ungefär hälften av svenskarna inte någon plan för sitt sparande. Och det finns tydliga skillnader mellan könen.

Män är generellt mer aktiva, följer ekonominyheterna och sparar i aktier. De har en plan för sitt sparande och kräver högre avkastning än kvinnor på sina placeringar. Män följer i något högre grad råd från medier och läser oftare information som kommer direkt från företagen, till exempel kvartalsrapporter. Män väljer högre risk än kvinnor.

Kvinnor agerar lite annorlunda. De har i högre utsträckning privat pensionssparande och lyssnar mer på råd från bankrådgivare, släktingar och vänner. Kvinnor söker tryggare och säkrare placeringar. Kvinnor väljer lägre risk än män. Allt enligt Nordeas undersökning.

Att ta en något större risk kan ge bättre utdelning än en alltför stor försiktighet. Gör som männen, kasta dig över samma informationskällor. Det är inte svårt. Kvinnor är faktiskt lika läskunniga.

Sök fakta om sparformer – utnyttja nätet

Sverige ligger i topp i världen vad det gäller aktie- och fondägande. Åtta av tio svenskar äger aktier eller fonder, vilket naturligtvis delvis hänger samman med vårt pensionssystem. Men allmänhetens kunskap om den överflödande sparmarknaden har inte hängt med i utvecklingen med ständigt nya fonder och sparprodukter.

En källa till baskunskap om olika sparformer hittar du på nätet på Konsumenternas Bank- & finansbyrås hemsida: www.konsumentbankbyran.se. Byrån är opartisk och styrelsen är tillsatt av Finansinspektionen, Konsumentverket, Svenska Bankföreningen, Fondbolagens Förening och Svenska Fondhandlareföreningen. Byrån lämnar information och vägledning i frågor om banker, fondbolag och andra finansiella institut. Råden är kostnadsfria. En av de viktigare uppgifterna är att fånga upp konsumentproblem och redovisa dessa för myndigheter och företag.

Fakta om sparformer

KÄLLA: KONSUMENTERNAS BANK- OCH FINANSBYRÅS HEMSIDA

Antalet sparformer har ökat. Utbudet växer hela tiden. Risken att göra mindre lyckade val har tyvärr också ökat i takt med utbudet. Men samtidigt har möjligheten att hitta sparformer som passar var och ens särskilda behov också ökat. Alla sparformer passar inte alla.

Ett gott råd är att med jämna mellanrum se över ditt sparande eftersom det hela tiden kommer nya sparformer som kan vara billigare och bättre för just dig, just nu. Gamla avtal och konton kan ha blivit onödigt dyra.

Sparformerna kan man grovt dela in i räntebärande placeringar och aktieplaceringar.

Räntebärande placeringar

Vill du minimera din risk är räntebärande placering ett bra förslag. Den placeringen minimerar risken att sparkapitalet minskar i värde, vilket är bra för kortsiktigt sparande.

Men ränteplacering kan vara bra även för det långsiktiga sparandet. Har du ett kapital du inte vill äventyra, till exempel din pension eller andra stora besparingar, så är det bra och vanligt med inslag av räntebärande placeringar. Baksidan av myntet är att värdestegringen i regel är låg. Men skulle börsen krascha, som den gjorde 2008, så är ränteplaceringar värda guld.

Exempel på räntebärande placeringar är sparkonton, privatobligationer och räntefonder.

Aktieplaceringar

Ska du spara på lång sikt och inte är rädd för att ta en risk är aktieplacering inget dumt val. Det finns att välja på. Vissa aktier och branscher är stabilare än andra. Det är bara att sätta sig ner och läsa på. Det gäller dock att ha is i magen. Sparar man på längre sikt och har möjlighet att ”vänta ut” värdenedgångar, som kan inträffa under spartiden, och sedan sälja när aktierna åter har ökat i värde har man chans att dra en vinstlott. Risken finns såklart att man istället åker på en nitlott om man råkat köpa för dyrt och tvingas sälja för billigt.

Att spara i aktier innebär att man satsar ett riskkapital. Det ska man inte glömma. Exempel på aktieplaceringar är enskilda aktier och aktiefonder.

Tidshorisont och risk

Hur lång tid beräknar du att ditt sparkapital ska stå inne? Längden på sparandet och din egen riskvilja får avgöra vilken sparform du ska välja.

Man kan dock göra en hyfsad blandning av olika sparformer. Det vill säga att sprida riskerna – lite räntor, lite fonder, lite aktier, lite bankbok, lite amortering, självklart i olika sammansättningar beroende på hur din egen privata ekonomi ser ut. Bankerna älskar att kalla riskfördelning för allokering. Bra ord att komma ihåg.

Bankkonto

Konto i bank är en klassiker och den sparform som de flesta människor kommit i kontakt med. Spara gärna i en buffert för oförutsedda utgifter och gärna också i en särskild reserv för att kunna betala en högre ränta – på till exempel ett bolån – framöver. Sådana pengar ska vara lätt tillgängliga.

Väljer du denna sparform bör du dock ha järnkoll på vilken totalavkastning du får. Be att få en konkret kalkyl på varje kontoförslag. Stirra dig inte blind på räntesatsen. Kom ihåg dessa kloka varningar från konsumentbankbyrån:

> **”Det konto som har den högsta räntan behöver inte vara det konto som är lämpligast. På konton med högre räntesatser finns det i regel villkor som begränsar antalet fria uttag. Det innebär att om man gör fler uttag än vad villkoren tillåter, får man i regel betala en uttagsavgift på cirka 1-2 % av det uttagna beloppet. Kontrollera därför alltid uttagsvillkoren för kontot.”**

Obligationer

Låter det gammeldags och tryggt? Kan så vara.

När du köper en obligation, lånar du i realiteten ut dina pengar till en utgivare (emittent) av en obligation. Utgivare kan exempelvis vara de större bostadsinstituten som i sin tur lånar ut pengarna för bostadsfinansiering. Det kan också vara staten eller ett företag. En obligation är ett räntebärande värdepapper, det vill säga ett skuldbrev.

Räntan är som regel fast under obligationens hela löptid. Räntan på obligationen får man antingen genom en årlig utbetalning av ränta (kupongränta), eller i sin helhet när obligationen löses in, en så kallad nollkupongare.

En obligation kan man sälja i förtid. Obligationens pris bestäms av vad som händer med räntan på nyutgivna obligationer. Sjunker räntan stiger värdet på din obligation. Höjs räntan sjunker värdet på obligationen. Behåller man sin obligation fram till inlösendagen vet man på förhand hur stor avkastningen kommer att bli.

Att sälja under löptiden har sitt pris. Vid köp och försäljning av obligationer tillkommer nämligen i de flesta fall en avgift, ett så kallat courtage.

Aktieindexobligationer

Sådan ska man räkna noga på. Det kan bli ett högt pris på säkerheten. Ett bra bankkonto kan vara ett alternativ.

Aktieindexobligation är en obligation där avkastningen är knuten till ett eller flera aktieindex. Bankerna ger ut (emitterar) och säljer aktieindexobligationer som oftast har en löptid på två till fem år. Minsta belopp att placera är i regel 5 000 kronor. Kostnaden för att spara i en aktieindexobligation består av en avgift – courtage.

Vid löptidens slut säljer man tillbaka – löser in – obligationen och får då ut obligationens nominella värde. Har indexet under tiden utvecklats positivt får man även en avkastning. Dock inte lika stor utdelning som börsuppgången eller det index som denna sparform baseras på. Har indexet utvecklats negativt får man tillbaka sitt insatta kapital, men däremot ingen avkastning alls. Det är den säkerheten man betalar för på olika sätt och i olika upplägg.

Olika banker räknar på olika sätt, så det gäller att välja den variant som är mest gynnsam för dig som sparare. Möjligen bör du också jämföra en aktieindexobligation och räkna på vad du som alternativ kan få ut på ett bra bankkonto. Emittenten bör du ha koll på: Det bör vara en säker bank. Det är nämligen den som garanterar att du får tillbaka åtminstone ditt insatta kapital. Går emittenten i konkurs förlorar du dina pengar.

Fondsparande

Fondsparande innebär att man köper andelar i en fond som i sin tur köper aktier eller räntebärande värdepapper för fondens pengar. Flera fonder äger även utländska värdepapper.

Om du behöver komma åt dina pengar, är det i de flesta fall möjligt inom någon eller några få dagar. Vanligtvis skiljer man mellan tre olika slags fonder: räntefonder, aktiefonder och blandfonder.

Fondens avkastning delas ut en gång per år eller återinvesteras och ger då nya fondandelar eller ett ökat andelsvärde.

Fondsparande passar bra om du vill spara regelbundet med ett fast belopp varje månad. Autogiro är praktiskt.

De vanligaste avgifterna är förvaltnings-, insättnings- och uttagsavgifter.

Räntefonder

En räntefond placerar pengar i räntebärande värdepapper, till exempel statsskuldväxlar, statsobligationer, bostadsobligationer men även i kommun- och företagscertifikat. Man vet aldrig på förhand hur stor avkastningen blir om man sparar i en räntefond. Avkastningen beror främst på den framtida ränteutvecklingen.

Räntefonder brukar indelas i två kategorier: korta och långa.

En räntefond med kort löptid – penningmarknadsfond – placerar vanligtvis i värdepapper som är garanterade av staten, till exempel statsskuldväxlar. Den återstående löptiden för värdepapperna är mindre än ett år. En penningmarknadsfond lämpar sig för mer kortsiktiga placeringar eftersom risken för värdeminskning är liten. En kort räntefond påminner om ett vanligt sparkonto och lämpar sig för den som inte är särskilt riskbenägen.

En räntefond med lång löptid – obligationsfond – köper värdepapper med återstående löptider på mer än ett år på obligationsmarknaden. Sparar man i en lång räntefond och marknadsräntan är sjunkande så får man en bra avkastning, eftersom de värdepapper som fonden äger därmed stiger i värde. En obligationsfond är mera lämpad för ett mer långsiktigt sparande eftersom den medför att man tar vissa kursrisker.

Aktiefonder

En aktiefond placerar sina tillgångar i aktier i olika börsnoterade företag. Som sparare kan man aldrig på förhand veta hur stor avkastningen blir om man sparar i en aktiefond. Aktiefonder har många olika placeringsinriktningar och risknivåer. Aktiefondsparande är förenat med vissa risker och lämpar sig därför för mer långsiktiga placeringar. Ju mer specialinriktad fonden är desto högre risk är förknippad med fonden samtidigt som chansen till högre avkastning ökar.

Blandfonder

En blandfond är en kombination av en aktiefond och en räntefond. I likhet med räntefonder och aktiefonder kan man inte på förhand veta hur stor den framtida avkastningen blir. Placeringsformen lämpar sig bäst för ett långsiktigt sparande.

En placering i en blandfond är ett bra alternativ för den som vill ha högre avkastning än vad obligationer ger, men som vill slippa de risker som är förknippade med aktiesparande.

Hedgefonder

Hegde är engelska och betyder häck eller skydd. Namnet invaggar dock i falsk trygghet.

Det finns hedgefonder med både låg och mycket hög risk. Flertalet hedgefonder kräver stora minimiinsättningar av andelsägarna. De svenska storbankerna ligger för närvarande i intervallet 50 000–250 000 kronor.

En hedgefond har större frihet i sina placeringsmöjligheter än traditionella fonder. Placeringsinriktningen kan vara allt från aktier, valutor och räntebärande papper till olika så kallade arbitragestrategier. Hedgefonder använder sig oftare än vanliga fonder av finansiella instrument såsom derivat med syfte att öka eller minska fondens risk. Belåning är också ett vanligt inslag.

Detta rätt snåriga upplägg och för den oinvigde komplicerade konstruktion innebär att det är svårt att förstå hur en hedgefond fungerar. Och den sparform man inte förstår hur den är uppbyggd och hur den avkastar, den ska man välja bort direkt.

Ideella sparformer

Vi blir allt mer medvetna om att göra etiska val även på finans- och fondmarknaden. Vem vill köpa en fond där det ingår aktier från företag som använder sig av barnarbetare eller knäcker ursprungsbefolkning och skyddade urskogar?

Under senare år har det dykt upp sparformer med en uttalat etisk/ideell inriktning. I allmänhet avstår dessa fonder och sparare då från en viss del av avkastningen som istället går till välgörande ändamål. I regel framgår det redan av namnet på fonden vilken verksamhet som den stödjer ekonomiskt.

Vissa fonder har också inskrivit i sina bestämmelser att fondens medel inte får placeras i viss typ av verksamhet, som krigsmaterielindustri.

Amortera på lån

Glöm inte: att spara kan man också göra genom att sänka sina kostnader. Att amortera på lån kan vara ett bra sätt att spara om man har pengar innestående på banken. Det medför med all säkerhet en räntevinst eftersom räntan på lån normalt är högre än på ett sparkonto.

Kapitel 2:3
Spara på börsen

2008 föll Stockholmsbörsen med 42 %. Hur kul var det?

Det drabbade både PPM-spararna och de allmänna pensionerna som måste sänkas 2010. Börsraset drabbade även massor av andra finanskonsumenter med olika former av sparande i börsrelaterade produkter.

Men det finns en sak man ofta glömmer: Det är värdet, inte själva kapitalet, som minskar när börsen faller. Förlusterna realiseras först när man tar ut sina insatser, om det så rör sig om pensioner, fonder eller aktier.

Med det vill jag också säga: Ska man in på börsen med sina sparpengar så ska man vara långsiktig.

Fonder, aktier, bankkonto, obligationer, räntefonder, aktieindexobligationer, Riksgälden, fond-i-fond, med eller utan avgift, kapitalförsäkring, indexfonder, globalfonder, bricfonder, blandfonder, hedgefonder, generationsfonder, kontokortkredit, nätbanker, nischbanker, storbanker, allt samlat i en bank? Eller ...

Good luck, säger jag bara och blir alldeles matt när jag tänker på mina egna fond- och sparval, som inte alltid varit så briljanta. Skälet är enkelt: Som så många andra har jag inte tagit mig tid att luska runt och ta fram olika alternativ på i princip likartade sparprodukter som kapitalförsäkringar och specifika fonder. Inte tagit mig tid att jämföra och kolla runt bland olika aktörer. Det har kostat mig sura och onödiga avgifter, inte minst när jag ser hur sparkapitalet sjunkit i börsraset, medan avgifterna består. Jag lät banken föreslå bästa alternativ och då blir det ju också bankens egna produkter så klart.

Bekvämt? Ja.

Tryggt? Ja.

Bra och allsidig service? Ja

Men bästa och avgiftssmartaste lösning? Nej.

Drömmen vi alla når: att bli miljonär. Eller?

Investmentbolaget Spiltans vd Per H Börjesson är en utåtriktad man. Han lyfter kontroversiella frågor. Han ger också konkreta tips om hur du blir miljonär. Börjessons råd är raka och till synes enkla:

- Spara 10 % av månadsinkomsten varje månad.
- Dra in på småutgifter.
- Investera i/ köp din bostad.
- Var försiktig när du lyssnar på mäklare och rådgivare.
- Spara i aktier/aktiefonder.
- Var uthållig! Håll fast vid din tidsplan. Sälj inte även om det lockar av olika skäl, antingen för att börsen går kraftigt ner eller kraftigt upp.

”Det handlar om en horisont på 20-30 år. Om en aktie stiger med 100 procent blir man hela tiden lockad att göra affär. Men man ska köpa och behålla. Då kan alla bli miljonärer”, säger Per H Börjesson.

Men det gäller att satsa på rätt sätt. Börjesson varnar för komplicerade och dyra sparprodukter som till exempel aktieindexobligationer. Ett annat viktigt råd han delar med sig av är att vara försiktig när man lyssnar på vad mäklare och rådgivare säger. Frågan man skall ställa sig själv är: Vems ärenden går han/hon? Mina eller sina egna?

Börjessons sparval:

Ränteplaceringar: Ja	Generationsfonder: Nej
Amortera: Ja	Hedgefonder: Nej
Aktier: Ja	Aktieindexobligationer: Nej
Indexfonder: Ja	Fond-i-fonder: Nej

Börjesson om ...

... **hedgefonder:** Komplext, dyrt och har högre risker.

... **aktieindexobligationer:** Borde förbjudas. Det är till 90 % en räntebärande placering, och så lägger man till en option och höga kostnader.

... **att inte binda sitt sparande:** Pengar är inte allt, det gäller att kunna leva och ha trevligt också.

Fler varnar för dyra val

Aktieindexobligationer är som sagt en omtvistad sparform bland många ekonomiska experter. Wassum, en fristående investeringskonsult, är ett annat proffs som är kritiskt.

”Tyvärr har vi upptäckt att det både blir billigare och säkrare att själv skapa en portfölj med obligationer och aktier”, säger Nicklas Fahlström hos Wassum till Sydsvenskan i en intervju i augusti 2008. Han föreslår att spararen som inte vill riskera sitt kapital ska satsa på en egen portfölj som blandar säkra räntepapper med aktier.

”Det kanske låter lite tråkigt, men i verkligheten har en sådan portfölj visat sig skapa både ett starkare kapitalskydd och en bättre långsiktig avkastning jämfört med aktieobligationen.”

Långt från miljonärsstatus

? **Hej Birgitta,**
Undrar på vilket sätt jag ska spara. Min pension lär inte bli bra vad jag förstår. Min lön är 25 000 kr/månad. Ungefär 8 000–9 000 kr går till fasta utgifter.

Jag sätter pengar på ett e-sparkonto där jag har cirka 50 000 och det är allt. Jag förstår mig inte på aktier eller fonder alls. Finns det

något annat sätt att spara till framtiden?
Tack på förhand!
Patricia

– Nätbankerna konkurrerar vilt med de traditionella bankerna om kunderna genom att erbjuda mycket förmånliga sparformer, både sådana som är avgiftsfria och sådana med mycket låga avgifter.

Du bör nog inte satsa på för hög riskplacering eftersom dina inkomster är relativt små. Kolla på indexfonder eller globalfonder av olika slag. Men kontrollera samtidigt både risknivån och hur stora fondavgifterna är.

Har du långt kvar till pensionen så kan även en relativt liten insättning per månad på lång sikt ge ett bra resultat. Gå in på sajten morningstar.se och kolla vilka fonder som har låg eller ingen avgift alls och som på lång sikt haft god avkastning.

Kolla även på nätbankerna Avanza, Nordnet och E*Trade. De har ett antal avgiftsfria sparformer. Du kan också fråga om råd hos Konsumenternas Bank- och finansbyrå som bjuder på kostnadsfri och opartisk vägledning på konsumentbankbyran.se, alternativt telefon: 08-24 30 85, vardagar, 9.00–12.00.

Kolla även på Konsumentverkets hemsida, konsumentverket.se. Där finns också många råd och fakta som kan vara till nytta.

Nätmäklare ökar trycket på storbankerna

”Lättare fondval hos nätmäklare. Spara tusenlappar på att jämföra avgifter på nätet.”

Så löd en rubrik under vinjetten Privata pengar i *Sydsvenskan* för något år sedan.

”Fondsparar du via din bank? Då gör du som de flesta – och har ett begränsat urval. Bankens egna fonder kanske inte går så bra, trots hög avgift. Nätmäklarna erbjuder större urval. Det kostar inget – men du får klara dig utan rådgivning.” Så inledde Björn Sjö, reporter på *Sydsvenskan*, en artikel om fondsparande och fondavgifter. Det duger att upprepa budskapet.

Du kan hitta mycket bra fonder om du vet var du ska leta och hur du ska jämföra. För saken är ju den att ju fler fonder du har att välja mellan desto bättre. Jämför likartade fonder med likartad avkastning och låt avgiften avgöra valet.

Det finns dock några traditionella banker som har väldigt många fonder att välja mellan. Bäst i klassen att erbjuda sina kunder ett brett och stort fondurval (2009) är HQ Bank, Danske Bank och Handelsbanken med flera tusen fonder vardera. Nordnet, Avanza, E*Trade och Skandiabanken erbjöd samma år sina kunder mellan 800 och 900 fonder vardera att välja mellan.

Tre traditionella banker låg långt efter: SEB, Swedbank och Nordea. Men eftersläparna öppnade under 2009 upp för fler externa fonder som komplement till sitt eget utbud på grund av konkurrenstrycket.

Har banken i stort sett enbart sina egna fonder att erbjuda – plus några till som komplettering för anständighetens skull – ja, då sitter kunden i kläm. Det är både tidskrävande och bökigt att behöva gå till en annan bank eller finansinstitut för att få ett bättre fondurval och lägre avgifter dessutom. En tröskel som tycks vara något av en affärsidé. Det vill säga att kunden stannar kvar hos sin bank av ren utmattning. Men nog främst av lojalitet.

Att flytta sina fonder till en nätmäklare eller annan bank kostar inget.

Skatt utgår först om man säljer fondandelar och det uppstår vinst. Många sparare ligger kvar i gamla dåliga allemansfonder från 1980-talet som har höga förvaltningsavgifter trots att de inte ger mer avkastning än index.

Allemansspar

Jag har en del pengar i gamla Allemansfonder, som jag inte har rört trots många oroligheter på börsen under årens lopp och som har gått med en hel del vinst. Nu har jag gått i pension och vill ha en säkrare placering. Vilket är vettigast, låta dem vara

kvar, flytta till exempelvis räntefonder, sätta in pengarna på ett sparkonto med hyfsad ränta? Du har kanske flera förslag.

Mvh Nybliven pensionär

– Allemansfonderna var banbrytande när de infördes år 1984. De var, så vitt jag minns, den första produkten med skattesubventionerat privat pensionssparande. Enkelt uttryckt: man fick skatteavdrag för att spara. Då var dessa fonder alldeles utmärkta sparalternativ. Men nu, 24 år senare, har Allemansfonderna spelat ut sin roll och fått skarp konkurrens av moderna och billigare fonder. Byter du från allemansfond till en modern fond så kan du som exempel sänka din avgift från 1,5 % ner till 0,5 %, beroende på vilken fond du väljer. De billigare hittar du under rubriken indexfonder. Och låga avgifter hittar du bland annat i nätbankernas fondutbud. En variant är att välja hälften global indexfond och hälften svensk indexfond. Då har du samma balans som tidigare.

De pengar du skall använda de närmaste 1–2 åren kan med fördel sättas på ett sparkonto med hyfsad ränta och med insättningsgaranti. Det finns numera även traditionella banker som erbjuder indexfonder utan avgift. Ring runt och fråga

Tänk på skatten när du säljer fond

Hej!

Tänkte jag skulle bli mer aktiv när det gällde aktiefonder, men hur går man rent praktiskt tillväga om man vill avsluta en fond och eventuellt flytta till ny fond i annan bank?

Mina nuvarande fonder har stått stilla, men jag hör om andra som går bättre. Har fem år kvar till pension.

Mvh, AnnMargret i Västsverige

– Tänk på en sak. Kolla skatteeffekten. Året efter du sålt en fond får du betala skatt på den eventuella vinsten. Det kan bli dyrt.

Har du sparat i en fond i många år kan vinsten ha hunnit bli ganska stor. Och då känns det väldigt snöpligt att behöva skatta bort 30 % av sina sparade pengar. En slags straffbeskattning, kan man tycka, bara för att man vill byta bank och till en fond man hoppas och tror ska ge bättre avkastning. Man skall också ha klart för sig att vissa fondbolag kräver en uttagsavgift när man säljer.

Skatt och avgifter tvingar därmed folk att förbli trogna "sin" gamla bank.

Har man möjlighet kan man dock i deklarationen kvitta en fondvinst mot en förlust i inkomstslaget kapital. Exempelvis kvitta en vinst mot en förlust i en annan aktiefond eller aktieaffär.

Att avsluta en fond är enkelt. Antingen ber du din bank att genomföra försäljningen och sätta in pengarna på ett konto som du sedan använder för att köpa in dig i nya fonder. Eller så ber du din nya bank genomföra försäljningen, överföra kapitalet och investera pengarna i den fond du valt ut.

Har du bara fem år kvar till pensionen bör du fundera på valet av risknivå. Sänk andelen aktiefonder. Öka andelen räntefonder. Den generella rekommendationen är en försiktig placering. En börsnedgång kan hålla i sig i flera år. Har du otur kan dina aktiefonder ha tappat stort i värde den dag du vill casha in pengar att leva av.

? Jag har funderat över att börja köpa lite aktier, kanske för 100 000 kronor, men är osäker hur jag ska gå till väga. Ska jag ta hjälp av en fondmäklare eller köpa själv på internet? Jag är inte särskilt datakunnig, men alla säger att näthandel är enkel och att det finns pengar att tjäna.

Vad tycker du? Vilka är för- och nackdelarna?

"55+"

– Du ska absolut inte som nybörjare gå in och handla själv på nätet. Du riskerar då att mycket snabbt förlora stora delar av ditt kapital. De låga eller helt slopade courtagen [avgifter banker tar för att köpa och sälja aktier] hos näthandlarna är ett förrädiskt lockbete för aktienovisen.

Den "billiga" aktiehandeln på nätet uppväger inte på långa vägar den risk du som nybörjare tar; att handla fel aktie eller fond till fel kurs och vid fel tidpunkt. Nätbankerna är visserligen billigare på flera sätt – med lägre avgifter eller helt avgiftsbefriade produkter och tjänster – jämfört med de traditionella bankerna. Men nätbankerna erbjuder inte den individuella rådgivning du kan få i en vanlig bank med kontorsverksamhet.

Det tar tid att sätta sig in i och lära sig hur man gör bra aktieaffärer och hur man analyserar ett bolag för att få en vettig uppfattning om bolaget är svajigt eller stabilt och hur förutsättningarna för bolagets långsiktiga utveckling och lönsamhet ter sig.

Det bästa du kan göra är att boka in dig hos en privatrådgivare på din bank. Det kostar inget. Eller konsultera fristående rådgivare. Men då får du räkna med att betala för den tjänsten. Tillsammans kan ni resonera er fram till hur du bäst ska placera dina pengar och vilken risk du är beredd att ta. Sedan är det upp till dig att köpa aktierna och göra din investering via nätbanken eller via den traditionella banken.

Du ska veta att du inte är skyldig att köpa tjänster hos den bank eller rådgivare som gett dig råden. Men att placera 100 000 kronor i högriskpapper, i tron att du ska göra snabba vinster, det avråder jag dig bestämt ifrån. Det är ursvårt att göra snabba kursvinster även för den skickligaste "aktiespelare". En aktieplacering utgör alltid en risk att i värsta fall förlora sitt kapital.

Vill du ha grundläggande råd och bygga upp din egen kunskap om aktieplaceringar kan du vända dig till intresseorganisationen Aktiespararna. Denna organisation har lokala föreningar runt om i landet som man kan nå genom deras hemsida aktiespararna.se.

Du kan också gå in och kika på de aktieskolor som finns på nätmäklarnas hemsidor. Det kan du göra utan att behöva utföra dina aktieaffärer hos dem.

När man ska köpa enskilda aktier för 100 000 kr bör man tänka på några saker:

- Kolla vad det kostar i courtage och avgifter.
- Säkerställ att du med ditt aktieköp har en lämplig riskspridning i valen av bolag. Det är mycket svårt att få en bra och acceptabel riskspridning med enskilda aktier för detta relativt låga belopp.
- Fundera på om inte fondsparande är ett bättre alternativ.
- Visst finns det pengar att tjäna. Men fundera samtidigt på vad du är beredd på att förlora? Det är riskfyllt med enskilda aktier och det kräver bevakning.

Gift dig inte med dina innehav – 5 råd och 5 varningar vid aktieköp

Råd:

1. Var långsiktig.
2. Köp bara sådant du begriper.
3. Sprid investeringarna över tiden och över olika branscher.
4. Var påläst om bolagen och håll dig alltid uppdaterad.
5. Välj fonder om du själv vill vara passiv.

Varningar:

1. Aktieplaceringar innebär alltid risker.
2. "Gift dig inte med dina innehav", omvärdera konstant dina innehav, omplacera om det är motiverat.
3. Låt aldrig skattesituationen styra dina investeringsbeslut.
4. Var försiktig om du belånar din portfölj.
5. Låt inte aktiekursen styra aktievalet, "frimärksaktier" behöver inte vara billiga.

KÄLLA: HANDELSBANKEN.

Köpa på botten och sälja på toppen?

1900-talshistoriken visar att det viktigaste är att undvika att komma in i marknaden allt för nära de stora spekulationstopparna. Den som köpte en aktieportfölj år 1912 fick vänta i 40 år bara för att komma tillbaka till samma reala värde, även om man räknar in utdelningarna. Den som störtade in 1918 fick på samma sätt vänta närmare 25 år. Och den som investerade 1929 fick vänta cirka 30 år. Det kan bli lika illa för dem som investerade i början av år 2000. Den som kommer in när marknaden bottnar har istället marknaden med sig. De som investerade 1932, 1980 eller 1992 bar med sig överavkastningar som på motsvarande sätt varade över många decennier.

KÄLLA: AKTIESPARARNA

Aktiespararna

Aktiespararna är en oberoende intresseorganisation som ska tillvarata de små aktieägarnas intressen och även fungera som "aktieskola" för nybörjare. På senare år har medlemsantalet dock rasat, från toppnoteringen med 142 000 medlemmar 2000 till 70 000 år 2009. Aktiespararna blöder också pengar, 2008 redovisades en förlust efter finansnetto på cirka 100 miljoner kronor.

Aktiespararna verkar på många områden: de bevakar bolagsstämmor, ger ut rekommendationer vid uppköpserbjudanden och medverkar i statliga utredningar och referensgrupper.

Aktiespararna erbjuder medlemmar bland annat aktiejuridisk rådgivning, deklarationshjälp, tillgång till kurser i aktiekunskap för enskilda och tillgång till företagsutbildning.

Jämför priser

Glöm inte: Våra pengar utgör själva affärsidén och grundvalen för bankernas och finansbolagens vinster. Vid andra inköp gör vi prisjämförelser. Vi jämför när vi köper bil, kläder, bil, båt, hus och mat. Samma sak bör vi självklart göra med de avgiftsbelagda och börsrelaterade sparprodukter som "finansbutikerna" vill locka oss att köpa.

?

Hej Birgitta!

Jag har fått ärva cirka 500 000 kronor och vill förvalta dem på lång sikt till minsta möjliga kostnad och med mesta möjliga utdelning. Är livrädd för att gå in på en bank. Tror hela tiden att de försöker lura in mig i något som jag inte kan se resultatet av.

Jag försöker att läsa olika broschyrer för att jämföra, men blir inte klokare av det.

Jag är inte helt beroende av arvet, men känner en plikt mot min

bortgångne pappa att förvalta pengarna väl. Vad tycker du att jag ska satsa på inför det nya året?

"Pappas flicka"

– Ärligt talat. Var inte rädd för banken. Men var vaksam på avgifter. Och fråga alltid om totalkostnaden. Det finns en rådgivningslag som är till som konsumentskydd mot dålig och vårdslös rådgivning. Placeringsrådgivare i en bank måste ha gått igenom en särskild utbildning . Fråga efter en rådgivare som är Swedsec-licensierad, då vet du att den du pratar med har en gedigen utbildning, står under Finansinspektionens kontroll och är skyldig att informera och dokumentera det som ni kommer överens om. För att kolla att din rådgivare är Swedsec-licensierad kan du gå in på swedsec.se och ange rådgivarens namn.

Men du kan, om du vill, först vända dig till och ta råd av den oberoende institutionen Konsumenternas Bank- och finansbyrå innan du fattar ditt beslut. Dit kan du ringa och få vägledning inför ditt val av en långsiktig placering med låg risk.

Ett annat alternativ, om du inte väljer att sätta pengarna på ett sparkonto med hög ränta, är en fondportfölj med några fonder som har hög rating. En balanserad fond som går att sälja av om du skulle behöva kapitalet, kan vara en god kombination.

Kolla med många olika banker vad det finns för alternativ. Du behöver inte besluta dig vid första mötet med banken. Ta god tid på dig och begär att få information och ett antal alternativ som du kan ta med dig hem och fundera på och jämföra med villkoren hos andra banker.

Men för att vara helt säker på ditt val bör du låta banken göra en riskprofil som tar hänsyn till hela din privatekonomiska sits.

De kommersiella budskapen haglar tätt

Lyssna gärna, men fall inte i farstun för lockrop, typ "Nu är det läge att bygga sin förmögenhet", som haglade i slutet av finanskrisens år 2008 och sedan i början av 2009.

Det gäller att kunna stå emot trycket och tankar som: "Ska jag verkligen inte passa på? Går jag inte in nu så kanske jag missar den stora chansen att äntligen bli riktigt rik på mitt fondsparande."

Men du kanske istället ska amortera på ditt lån. Eller spara i riktigt säkra kort inför en stundande pension. Eller kanske till och med behöver spara störtsäkert på bankkonto eller hos Riksgälden eller i korta räntefonder för att kunna köpa en egen bostad om ett år eller två.

Det är farligt att lockas av tvärsäkra uttalanden om "feta kursuppgångar" som ju ingen kan förutsäga med säkerhet.

Vad är smartast: att spara i papper eller att skaffa en fastighet – bostadsrätt – om vi vill spara mer? Bor idag i attraktiv hyresrätt för cirka 9 000 kr/mån som är lite för stor. Boendekostnaderna i denna ort är relativt höga.

Gifta, sammanlagd inkomst efter skatt cirka 45 000 kr/mån. Vi är idag 62 och 57 år. Inom en femårsperiod kommer en av oss att ärva en del av en fastighet som kräver underhåll och en summa pengar på en ort där vi inte tänkt bo permanent. Den av oss med lägre lön har pensionssparat någorlunda. Den andra i lite papper.

Vi har flera gemensamma barn med eget boende men behov av "samlingsplats". Barnen behöver lite tillskott då och då och vi reser. Den äldre av oss kommer att jobba lite efter pensionen, i så fall på deltid. Den yngre slutar kanske före.

Tacksam, som hittills inte alltid gjort de rätta ekonomiska valen men vunnit en del annat.

– Smartast i ert fall – tycker i alla fall jag – är att konvertera ert sparande till en investering i fast egendom. Det vill säga att köpa en egen bostad. Typ: bättre att betala "hyra" till sig själv än till någon annan. En bra fastighet på ett bra läge har i ett historiskt perspektiv alltid stigit i värde.

Dessutom tycker jag att man ska göra sina pappersinvesteringar mer synliga och användbara medan man både har tiden och lusten kvar. Dessutom är det kul, som du själv säger, att ha en gemensam och egen plätt för en växande familj att rumla runt på.

Ni kan väl kanske senare sälja den fastighetsandel som ni senare kommer att ärva. På så sätt frigör ni ju ytterligare kapital som ni kan ha glädje av vid både resor och som "fickpengar" till barn och barnbarn. Dessutom slipper ni kostnaden och ansvaret för det fastighetsunderhållet.

Passa dessutom på att bygga upp en buffert för oförutsedda utgifter, ett "bra att ha"-konto med hög ränta.

Men du bör absolut låta Försäkringskassan räkna ut åt dig hur stort pensionsbortfallet blir för den som slutar jobba i förtid. Du kan inte ana hur mycket du förlorar i pension per år om du slutar arbeta i förtid. Det kan röra sig om flera tusenlappar i månaden, vilket många tyvärr inte känner till. Ju längre du jobbar, låt säga till 67 års ålder, desto rejält mycket högre blir pensionsutfallet. Exempel: Om du tar ut din allmänna pension vid 61års ålder så minskar din livsvariga pension med 0,5 % per månad (6% på helår).

Förutom att tala med Försäkringskassan bör du även tala med den arbetsgivare som ansvarar för din tjänstepension, för även den påverkas i negativ riktning om du förändrar/förkortar din arbetstid.

Vanligt problem

Den här frågan till *M-magasin* ger inblick i en allmän problematik. Frågan ställdes i slutet av 2007 då börsen stadigt fallit nedåt sedan sommaren för att det året sluta på sammanlagt minus 6 %. Vad hände 2008? Värsta börsraset på 100 år. Stockholmsbörsen minus 42 %.

Jag vill ta en del av mitt farsarv, kanske 100 000 kr, och placera det på ekonomiskt mest gynnsamma sätt. Jag är nu 50 år, sparar i aktiefonder och har en pensionsförsäkring. Arbetar, men skulle kanske vilja sluta några år före 65.

Vad tycker du jag ska göra?

Mvh, Birgitta

– Det är väl allas dröm att få snabb, hög men samtidigt riskfri tillväxt på sparkapitalet. Det är en svår ekvation, för med en högriskplacering löper du även stor risk att förlora kapital. Se bara vad som hänt med de under några år snabbt stigande Indien- eller Rysslandsfonderna, som haft en snabbt-som-attan-kursrusning neråt på sistone.

Så håll du hårt i dina 100 000 kronor. De kan snabbt försvinna i den pågående finansoron om du satsar på börskopplade sparformer. Just nu skulle jag övervintra genom att sätta in pengarna på ett sparkonto med hög ränta. Det finns banker som för tillfället erbjuder upp mot 5,5 % i ränta.

När det sedan finns tydliga tecken på att börsen vänder uppåt – i en stabil uppåtkurva – kan du pytsa in en liten summa i taget i någon lämplig fond. På så sätt kan du stegvis tjäna på börsuppgången i någorlunda säker takt. Se bara till att fonderna inte har för höga avgifter!

Fundera också på hur stor summa du behöver efter pensionen. Gör en vardagsbudget: Hur ser din boendekostnad ut? Har du andra sparformer? Andra intäkter? Hur mycket har du i fasta utgifter? Har du bil? Vad kostar den? Vad har du för löpande utgifter för mat och nöjen m.m.? Du bör även låta Försäkringskassan räkna ut hur mycket du förlorar på att sluta jobb före 65 års ålder.

Du har dock hyfsat gott om tid på dig, 10 år, att pensionsspara. Ett allmänt råd går ut på att spara i en bred global aktiefond, kanske inom ramen för en kapitalförsäkring med låga administrativa kostnader. Den sparformen är skattemässigt gynnsam. Att lägga in en indexfond är kanske också något att tänka på. Men kom ihåg att avkastningen i en kapitalförsäkring måste ligga över minst fem procent per år för att det ska löna sig.

Diskutera frågan med din bank. Men lägg då också på minnet i dessa samtal att du kan teckna kapitalförsäkringar utan årlig avgift hos nätbankerna.

Ett bra grundtips är att leta efter fonder som avkastat bra under en längre tid. Detta går att få fram via morningstar.se. En bortglömd "klassiker", som inte många tänker på idag, är att investera i ett antal väl kända investmentbolag. I dessa bolag ingår en mängd andra bolag (i likhet med en aktiefond, men då utan den avgift du får betala när du sparar i en fond). Du slipper alltså fondavgifter och får dessutom, som en plusvariant – och i normalfallet – en årlig utdelning på dina aktier.

Men vänta – även med ett sådant val – tills du ser att börsen vänder.

Tips i orostider – bra även för vanligt sparande

Det kan vara väl värt att ägna en timme åt din framtida ekonomi. Gör du det nu slipper du kanske vara orolig nästa gång det blir svajigt på världens börser, säger AMF Pensions trygghetsekonom Anna Allerstrand.

Tänk långsiktigt

Låt dig inte skrämmas av svarta tidningsrubriker utan skaffa information om just din situation. Att spara till sin pension är för de allra flesta långsiktigt. På Pensionsmyndighetens hemsida kan du se hur det står till med din premiepension och på minpension.se får du en större överblick över din pension.

Sprid dina risker

Kom ihåg att det är riktiga pengar och att de är dina! Det finns många fonder med olika inriktning och risknivåer. Sprid dina risker på flera olika fondkategorier, det finns aktiefonder, blandfonder och fonder som bara placerar i räntebärande papper.

Hitta din egen risknivå

Det är bara du som vet vad du ska använda pengarna till så småningom, och bara du som vet vilken risk du vill ta nu.

Kapitel 2:4
Risker och garantier

Snustorrt men viktigt budskap följer: Håll reda på vad du köper och till vem du lånar ut dina pengar. Fråga dig alltid: Vad har jag för garantier för mitt sparande?

Gud, vad gör jag om marken rämnar som den gjorde i september 2008, då miljontals besparingar pulveriserades till småskvättar – eller till noll pengar – i de våldsamma och globala kursrasen? Då finanskrisen och bankkollapserna i USA slog in en rak höger, rakt ner bland gräsrötterna. Över hela världen. Det var en kris som inte bara drabbade pensionssparande, utan även en sådan typisk privat sparprodukt för vanligt folk som aktieindexobligationer, ett värdepapper som vid den tidpunkten sedan flera år tillbaka hårdlanserats av banker och finansinstitut åt försiktigt småfolk som ett absolut stensäkert sparande.

Så här löd exempelvis rådet från en bankman i november 2006: ”Om du känner oro för börsen, men tycker att det känns fel att lämna aktiemarknaden helt, välj en kapitalgaranterad placering med aktieexponering = aktieindexobligationer, där du garanterat aldrig riskerar att förlora ditt insatta ursprungliga sparkapital.”

Bullshit! En garanti är inte alltid en garanti. Dra öronen åt dig när en säljare talar om ”garantiprodukt”. Den enda konkreta garantin som finns är att du får tillbaka dina insatta pengar på ett bankkonto som har statlig insättningsgaranti. Maxgränsen för garantin var 2009 en halv miljon kronor per person och bank. Förutsatt då att banken eller kreditinstitutet gått i konkurs.

Om du har 500 000 kronor insatta på ett sparkonto med statlig insättningsgaranti hos Banken X och den går i konkurs så garanterar svenska staten att du får tillbaka dina insatta pengar. I sinom tid.

Det är lätt att vara efterklok. Läs en fråga som kom till Pengarna & Livet i *M-magasin* januari 2008. Tala om förebud om vrålmina.

Hej!
Jag har blivit kontaktad av ett privat pengaplaceringsföretag, Acta. Vad bör jag tänka på vid affärer med dem? När jag går in och googlar på nätet så säger de nej-nej akta dig för dem! Vad säger du?

– Åh, denna tuffa marknadsföring och kundraggning. Jag blir så trött.

Kolla med Finansinspektionen eller Konsumenternas Bank- och finansbyrå om deras bedömning av Acta (som är ett börsnoterat norskt bolag). Be sakkunniga redovisa hur bra eller dåligt utfallet av olika kapitalplaceringar ser ut några år tillbaka i tiden.

Grundprincipen är i vilket fall att man alltid ska vara mycket kallsinnig till den aktör och säljare som tar direkt kontakt med en privatkund i hemmet och erbjuder gyllene vinster.

Var vaksam och ställ dig frågan: Vem vinner mest på det här? De eller jag? Och en sak är säker: Den lille kunden med litet insatskapital är alltid en säker förlorare eftersom avgifterna tenderar att bli större än vad vinsten på investeringen medger.

Begär alltid betänketid så att du hinner fråga andra om råd och inte tar några förhastade beslut. Glöm inte att det är du som bestämmer. Var noga med att du verkligen förstår vad det är för placering det handlar om, att du blir klar över vad det kostar, vilka risker och bindningstider som finns.

Det vill säga: gör klart för dig vilka konsekvenser placeringen i värsta fall kan få på ditt sparande.

Är du det minsta osäker: avstå.

Inte hela sanningen

Så svarade jag då, med en underliggande aning om att hårdsäljande finanssnubbar inte alltid har rent mjöl i påsen. Det vill säga: de talar inte om hela sanningen för sina aningslösa kunder. Den krassa verkligheten är nämligen att säljare i regel får provision på varje produkt han eller hon lyckas sälja till dig.

Det vill säga chans till större förtjänst för egen del än för de kunder som lockas att köpa för dyrt (höga avgifter), för olönsamt (för dålig avkastning) och dessutom – visade det sig i efterhand vad det gällde Acta – med risk att förlora hela sitt insatta sparkapital.

Värdelösa värdepapper

Världen rämnade. Och med det gick miljarders miljarder upp i rök. Startskottet gick i mitten av september 2008 när den jättelika amerikanska investmentbanken Lehman Brothers till världens oerhörda häpnad gick i konkurs. En dryg månad senare sa den förre chefen för USA:s centralbank Federal Reserve, Alan Greenspan, som vittne i ett kongressutskott i USA, att han var chockad över vad som hänt: "Jag förstår fortfarande inte riktigt hur det kunde hända."

Tro det? Det var ju bland andra han själv – i sin uppburna position åren före – som bidragit till den kommande katastrofen genom en lång rad av räntesänkningar. Räntesäkningar som förförde massor av hushåll i USA med alldeles för svag ekonomi att köpa alldeles för dyra hus, till för dem alldeles för farligt och dyrt ränteupplägg. Vilket i sin tur la grunden till en gigantisk köpboom på fastighetsmarknaden med huspriser upptrissade till totalt vansinniga nivåer. Basen i denna jättelika fastighetsbubbla utgjordes av ett jäsande träsk av riskfyllda bostadslån – de numera ökända subprimelånen – extremt riskfyllda bolån, som sedan bakades in i snåriga och svåranalyserade värdepapper. Som sedan i sin tur såldes vidare till finansinstitut runt hela världen. Som sedan sålde dem vidare i omstuvad form i ännu mer ogenomträngliga värdepapper. Som sedan såldes vidare till icke ont anande vanliga konsumenter.

Resultat: en hysterisk global kreditspiral som till slut blev ohållbar.

Värdelöst sparande

Finanskraschen fick omedelbara följdverkningar, även i Skandinavien. Ett exempel var just det tidigare nämnda kapitalförvaltningsföretaget

Acta, som sålt aktieindexobligationer med konkursade Lehman Brothers som garant, som så kallad emittent. Det vill säga den bank som skulle ha garanterat att de som köpt bland annat Actas aktieindexobligation, skulle få tillbaka åtminstone sitt insatta kapital vid löptidens slut.

Acta hade hårdlanserat denna produkt till kunder både i Norge och Sverige. Även andra finansinstitut i Sverige hade sålt aktieindexobligationer med Lehman Brothers som garant, bland dem Swedbank, Handelsbanken och SEB. Detta stod att läsa i *Sydsvenskan* vid den tidpunkten:

”Den amerikanska banken står som garant för aktieindexobligationer för 150 miljoner kronor som sålts på svenska marknaden. Spararna riskerar nu att förlora allt de satsat.”

Hur stor andel av dessa 150 miljoner som föll på Actas försäljning vid den tidpunkten var oklart, men det beräknades att cirka 5 000 kunder köpt Actas obligationer.

Att kunderna lockats in i en urusel affär är solklart. Det kostade dem inte bara ett förlorat insatt grundkapital. Det var värre än så: Acta hade nämligen lockat sina kunder att ta lån för att köpa dessa aktieindexobligationer.

Detta kapitalförvaltningsföretag hade alltså förmått sina kunder att inte bara köpa en för dyr aktieindexobligation räknat i avgifter till Acta, utan dessutom peppat dem att låna till denna ”tvärsäkra” sparprodukt. Snacka om att sitta där med Svartepetter för den som köpt på sig den trippla skiten: Köpa på lån. Köpa på sig dyra avgifter. Köpa en aktieindexobligation vars garant gick i konkurs.

Ganska förfärligt för de som stod där med sina förlorade besparingar.

Så kan det alltså gå om man inte vet vad det är man köper och vad som står i det finstilta. Och när man inte kan stå pall mot munviga försäljare.

Kapitalförsäkring – kan bli en mina

En annan populär sparprodukt som också lanserats stenhårt av mängder av finansinstitut och banker under senare år är det som kallas kapitalförsäkring.

Den har dessvärre också potential att blir något av en flopp för många. Kunden lockas nämligen att spara i en produkt med dyra avgifter med risk för dålig eller rentav negativ avkastning.

Denna sparform kräver stor kunskap om lämpliga omplaceringar under spartiden och egen aktivitet för att den ska löna sig.

Dessutom kan en kapitalförsäkring kosta allt från noll kronor i avgift till en avgift i förhållande till kapitalet, oavsett om kapitalet ökar eller sjunker i värde. Avgiften beror på hos vilken bank du väljer att öppna en kapitalförsäkring.

Bra att veta är i vilket fall att nätbanker som Avanza och Nordnet och nätmäklaren E*Trade erbjuder sina kunder avgiftsfria kapitalförsäkringar (2009). Det är troligt att fler finansinstitut och även traditionella banker följt efter.

Men håll koll på andra avgifter. Ingen bank i världen bjuder på ett gratis gottebord. Någonstans tar de självklart igen sin generositet med avgifter på andra tjänster. Rådet är alltså: fråga alltid.

Ett exempel på denna sparprodukts popularitet är att nysparandet i kapitalförsäkringar första halvåret 2008 ökat med 139 % jämfört med föregående år, enligt statistik från Försäkringsförbundet. Vid den tidpunkten uppgick svenskarnas sparande i kapitalförsäkringar till cirka 52 miljarder kronor. Försäljningsboomen höll i sig under 2009 och förväntades fortsätta. Liksom reklamkampanjerna för denna aktuella storsäljande ”inneprodukt”.

En kapitalförsäkring är ett ”skal” där du kan lägga olika sparprodukter, allt från fonder till aktier. Kapitalförsäkringen innebär att man får göra skattefria byten av fonder samt köpa och sälja aktier utan att betala reavinst.

Idag används denna sparform av sparare som vill kunna byta fonder och aktier skattefritt. I stället för att betala 30 % skatt på de vinster man gör betalar man 1,12 % årlig avkastningskatt (2008) på värdet av kapitalförsäkringen till Skatteverket. (Den årliga skatten beräknas ligga runt 1 % även framöver.) Det går inte att dra av förluster inom kapitalförsäkringen och notera att årsavgiften beräknas på värdet på kapitalförsäkringen (den 1 januari). En bra affär för det finansinstitut som tar avgift för kapitalförsäkringen eftersom avgiftsintäkterna ökar i takt med att ditt sparkapital i försäkringen växer. Affärsbankerna tar ofta både en årsavgift och en investeringsavgift på försäkringens värde.

Det finns ganska tydliga nackdelar med denna sparform. Befarar du en svag utveckling på ditt kapital på marknaden eller placerar du i säkra räntebärande papper med låg avkastning finns det inga direkta fördelar med att placera via en kapitalförsäkring.

Skatten på 1,12 % baseras på hela försäkringens värde. Är avkastningen på räntefonden eller banksparandet 2 % äts hälften upp av avkastningsskatten.

För att täcka kostnaderna bör kapitalförsäkringen ge 3-4 % i genomsnittlig värdeökning per år. Är avgifterna höga måste värdeökningen vara upp mot 8-9 %.

Ställ krav på banker och finansbolag

Det är dina pengar som de tjänar pengar på. Som kund gäller det att alltid fråga:

- Vad är det ni vill sälja till mig?
- Vad finns det för nackdelar?
- Hur ser den verkliga kostnaden ut på lång sikt, med hänsyn tagen till avgifterna?
- Vad finns det för billigare alternativ?
- Vad finns det för konkurrerande alternativ på andra banker och finansbolag?

Det finns hopp om att svenska finanskonsumenter börjat får upp ögonen för att de bör vara vakna och inte rädda för att ställa krav. Frågan från denna kvinna, som skrev till *M-magasin*, visar att hon förstått att vissa placeringsråd kanske gagnar rådgivaren mer än de gagnar henne själv.

Hej Birgitta!
Läste i nr 1 2007 om en ung sjukpensionär och hans pensionssparande. Själv är jag 58 år, gift, långtidssjukskriven sedan fyra år, och under mitt arbetsliv har inkomsten varit låg, mestadels deltidsarbete.

Jag tecknade ett individuellt pensionssparande 1994, med 300 kr/mån. Ändrade vid kontakt med banken 2006 till pensionssparande med 500 kr/mån i SPAX-aktieindexobligation (som innebär att efter en löptid på 3 år får man som lägst tillbaka satsat kapital, eller om aktiekursen stiger, del av avkastningen).

Tror att bankrådgivarna mest ser till vad som är bäst för banken, så man är ganska utlämnad. Vad skulle Du göra i min sits, för att klara dig när det är dags för pension?

– Tyvärr får man inte alltid viktiga beslut serverade på silverfat. Av någon annan. Det gäller att våga duka själv. Men räkna med att det tar lite tid att hitta de lösningar som passar just ditt liv och din plånbok. Det är inte så enkelt att reda ut vilka aktörer som har de bästa och billigaste alternativen.

I dina kläder skulle jag göra mig besväret att kolla med några oberoende institutioner om vilka alternativ som kan vara bästa pensionslösningen för dig. Ta exempelvis kontakt med Konsumenternas Bank- och finansbyrå och Konsumentverket. Du kan även vända dig till Konsumenternas försäkringsbyrå.

Var i vilket fall vaksam på att så kallade garantiprodukter som aktieindexobligationer – som utlovar att det insatta kapitalet inte försvinner vid en börsnedgång – ibland kostar mycket i förhållande till vad du får i utdelning på ditt sparande.

En grundregel är: se till att du inte sparar långsiktigt i produkter med höga avgifter.

Det viktiga är dock att du sparar till pensionen. Tänk då på:

- Ha inte för hög risk i ditt pensionssparande.
- Kolla och jämför avgifter för olika fonder.
- Det finns bra fond-i-fondprodukter som inte kostar något extra.
- Ett rent fondsparande kan vara ett minst lika bra alternativ som den sparform du nu har.

Statligt skyddsnät – men inte för allt

Insättningsgarantin är din trygghet för att alla dina besparingar inte ska försvinna i ett svart hål om banken går i konkurs. Men observera: Den starkaste garantin gäller besparingar i reda pengar på bankkonton, inte värdepapper eller fonder.

Vissa sparformer undantas från garantin, som till exempel individuellt pensionssparande (IPS), annat pensionssparande och försäkringssparande som kapitalförsäkring. Inte heller bosparande eller sparande hos reseföretag omfattas av garantin. Många andra inlåningsföretag saknar också insättningsgaranti.

Hur stor risken är att spara hos dessa aktörer beror på konjunktur, branschkänslighet och andra ekonomiska omständigheter i de berörda företagen. Fråga alltid om det finns insättningsgaranti på de konton där du har ett stort sparande. Insättningsgarantin per person och bank var 2009 en halv miljon kronor. Om ett konto är öppnat i två eller flera personers namn, räknas varje person för sig.

Finansinstitutet ska informera sina kunder om insättningarna omfattas av garantin eller inte, aktuell ersättningsnivå samt formerna för utbetalning från garantin.

När det gäller värdepapper är skyddet inte lika omfattande. Men det finns även ett visst investerarskydd för fonder och andra värdepapper, dock med en blygsammare maxgräns: 250 000 kronor per person och institut.

Insättningsgarantin och investeringsgarantin hanteras av den statliga Insättningsgarantinämnden, som sorterar under Riksgälden. I princip handlar det om att vi själva – med våra skatter som evig inkomstkälla för staten – ligger som grundtrygghet och kapitalbas för garantin.

Sverige införde insättningsgarantin den 1 januari 1996 och investerarskyddet den 1 maj 1999, båda i enlighet med EU-direktiv. Verksamheten hanterades av Insättningsgarantinämnden mellan 1996 och 2007. Från och med 2008 är garantin och skyddet inordnade i Riksgälden som ett beslutsorgan. Både insättningsgarantin och investerarskyddet finansieras genom avgifter från de anslutna instituten.

Här hittar du fakta om insättningsgarantin

Om du går in på hemsidan ign.se, Insättningsgarantinämnden som är en del av Riksgälden, kan du själv söka efter de institut som är anslutna till insättningsgarantin och investerarskyddet. Väl inne på hemsidan går du upp i huvudmenyn och klickar på sökordet Insättningsgarantin. Då hamnat du på en sida som kryllar av vettig och viktig information.

Om du tycker det är bökigt så går det alltid att ringa till svenska myndigheter och få besked. För övriga frågor om insättningsgarantin, ring Riksgäldskontoret. Den senaste informationen finns på webbplatserna riksgalden.se och insattningsgarantin.se.

Så fungerar insättningsgarantin

1. Det maximala ersättningsbeloppet per kund och bank/kreditinstitut är 500 000 kronor (2009).

2. Den statliga insättningsgarantin gäller alla slag av insättningar hos banker och vissa andra institut som har Finansinspektionens tillstånd att ta emot kunders pengar på konto. Inte bara transaktionskonton utan även sparkonton omfattas oavsett om sparandet är bundet eller fritt att ta ut.

3. Som kund har du rätt till ersättning om ett institut som tillhör garantin går i konkurs. Du har rätt till ersättning motsvarande

insättningens belopp plus ränta fram till konkursbeslutet. Din ersättning påverkas inte av om du har skulder till institutet.

4. Om ett konto är öppnat i två eller flera personers namn, räknas varje person för sig.

5. Garantin gäller för privatpersoner, företag och andra juridiska personer.

6. Riksgälden betalar ut ersättningen inom tre månader från den dag institutet gått i konkurs. Vid en konkurs blir du kontaktad av myndigheten. Du behöver alltså inte själv ansöka om ersättning. Pengar sätts in på det konto som myndigheten fått uppgift om från konkursförvaltaren eller direkt från dig själv.

7. Regeringen ställer ut garantier så att insättare i utländska bankers filialer i Sverige får den ersättning som ska betalas ut under den utländska insättningsgarantin.

Så fungerar investerarskyddet

1. Investerarskyddet är ett skydd mot administrativa risker vid en konkurs.

2. Det skyddar dock inte mot värdeförändringar i dina fondandelar eller andra värdepapper.

3. Det ersätter inte heller förluster av att den som gett ut värdepappret, den så kallade emittenten, går i konkurs (berör bland annat aktieindexobligationer).

4. Om det institut där dina fondandelar finns förvaltarregistrerade går i konkurs och det visar sig att du inte kan få ut dem på grund av till exempel grovt slarv eller brottslighet skyddas du av investerarskyddet.

5. Ersättningen är begränsad till 250 000 kronor per kund och institut. Men om två eller flera personer öppnar en gemensam värdepappersdepå räknas varje person för sig.

6. Investerarskyddet omfattar värdepapper och pengar som ett institut hanterar för sina kunders räkning i samband med att en investeringstjänst utförs (till exempel köp, försäljning och deponering av värdepapper).

7. Investerarskyddet gäller privatpersoner, företag och andra juridiska personer.

8. Vid en konkurs kommer Riksgälden och konkursförvaltaren att informera dig som kund om möjligheten att få ersättning från investerarskyddet. Men du måste själv framföra ditt krav på ersättning till Riksgälden inom ett år från dagen för konkursbeslutet. Om du inte framför dina krav i tid kan du inte få någon ersättning

När betalas ersättningen ut?

När Riksgälden tagit emot dina krav kommer myndigheten att utreda om du har rätt till ersättning. Vid komplicerade fall kan processen dra ut på tiden. Skyddet gäller först när ett institut har gått i konkurs och det visar sig att du som kund inte kan få ut dina värdepapper eller pengar.

Din ersättning beräknas på det marknadsvärde som de aktuella värdepapperen hade vid konkurstillfället.

KÄLLA:RIKSGÄLDEN, INSÄTTNINGSGARANTINÄMNDEN

Kapitel 3

Intervjuerna

För att få extern krydda på den här anrättningen har jag bjudit in en trio personligheter med stor kompetens och erfarenhet av ekonomi och näringsliv. De svarar öppet och med intressanta reflektioner på frågor om privatekonomi, sparande och pensioner. Oväntat skarp kritik riktar de mot både rådgivare och pensionssystemet.

De tre är:

1. Den globale superentreprenören *Christer Ericsson*, som en gång blev känd som skaparen av offshorebolaget Consafe och som därefter byggt upp och äger ett globalt och nytt miljardimperium, JCE Group, som bland annat satsar stort på olika miljöinriktade affärsprojekt.

2. Ekonomijournalisten och civilekonomen *Mia Odabas*, krönikör och fristående kolumnist, egen företagare, småbarnsmamma och debattledare med fokus på näringsliv och ekonomi.

3. Ekonomiprofessorn *Göran Grosskopf*. Efter en akademisk karriär som omfattade en professur i Rättsvetenskap vid Umeå universitet, i Handelsrätt vid Lunds universitet och i Skatterätt vid Handelshögskolan i Göteborg var han under åren 1991–2003 verksam först som VD för Tetra Pak-Alfa Laval Holding SA och sedan som arbetande ordförande för Tetra Laval Gruppen. Han är nu bland annat ordförande i IKEA-koncernens moderbolag Ingka Holding BV samt i Peab AB.

Christer Ericsson

Vad gör pengar med människor i dina ögon?

– Det varierar så oändligt. Någon får "guldsot" och mister omdömet och köper lila lyxbilar med grön skinnklädsel. Andra bidrar till en bättre värld. Klart är att pengar ger frihet.

En märklig iakttagelse jag gjort genom åren är att högen av pengar man äger delar in oss i ett socialt fack. Den som har hundra miljoner möts med professors status. Den som har några miljarder möts som en kändis och den som har tusen miljarder (det finns sådana) möts som en kung. Detta gäller i alla länder.

Vad har du för reflektioner om den pensionsreform (2000) som innebär att fem till sex miljoner människor på den svenska arbetsmarknaden själv ska investera i sin PPM-pension?

– Jag träffar alltför många i min vänkrets som inte klarar av detta. Bra för dem som kan marknadens villkor, men 90 % av vår befolkning klarar inte detta. Bättre att göra som i Norge, där en kvalificerad oljefond placerar norska folkets oljepengar i alla världens marknader. Vi har inget oljekapital men en sjusärdeles massa pensionspengar.

Hur skapar man en trygg privatekonomi?

– Ledsen för ett slitet svar: sparsamhet, ordning och reda. Arbeta systematiskt. Tänk på dina utgifter. Var smart, köp huset för halva priset tre mil bort. Gör storkok och frys in. Köp begagnat, inte nytt, när du är ung. Allt detta är faktiskt inte dåligt, men smart.

Och möjligtvis även en förmögenhet?

– Följer du mina råd från föregående fråga så lovar jag att du blir förmögen fortare än du tror. Det där med ordning och reda innebär naturligtvis att du fixar till huset du köper och snyggar till dess trädgård, gärna med egna händer, och säljer det för dubbla priset när det är dags. Köp sen det lite "sunkna" grannhuset lite längre bort, också för halva priset, fixa till det också, så att proceduren kan upprepas utan att ungarna behöver byta skola.

Hur sköter du själv din privatekonomi?

– Tycker att jag hela livet följt vad jag beskriver ovan. Dessutom har jag en massa hobbies och är en samlarfreak. Jag köper bara det jag gillar. Har aldrig sålt något. Men det jag valt har varit kvalitet och även där har jag haft en strategi med förhoppningen att någon i framtiden, i kommande generationer, ska säga: "Gammelfarfar var rätt så smart ty han köpte värden."

Hur placerar du dina pengar?

– Privat i skog, obligationer, aktier och kontanter. I min verksamhet i nya projekt, som jag hoppas ska föra Sverige vidare.

Vilka är dina rådgivare?

– Dagstidningar. Trender.

Varningar?

– Var försiktig med belåning av din bostad. Familjens trygghet är bästa sömnpillret. Undvik glättiga broschyrer och telefonförsäljning.

Dina bästa råd?

– Inget mer än ovan.

Dina värsta misstag?

– Att i ungdomen bli imponerad av bankernas rådgivare. Jag har aldrig förlorat så mycket pengar som genom att följa deras råd. Det tog några år innan jag insåg att de inte är bättre än jag själv, som utan ekonomiutbildning förstår lite grand om hur vårt samhälle utvecklas och fungerar.

Egna reflektioner

– Satsa bara dina sparpengar i det du begriper dig på. Akta dig för rådgivare som ger komplicerade råd. Var aktiv med att följa de aktier du äger, det är inte säkert att en aktie som var bra förra veckan är bra idag.

Mia Odabas

Vad gör pengar med oss i dina ögon?

– Pengar måste man ju ha, men enligt min uppfattning finns det ett alldeles för stort fokus på pengar som någon slags lyckobärare i vårt samhälle. Pengar gör stor skillnad när man inga har, eller har för lite, men ganska snart i vårt trots allt rika land så skapar pengar mer problem än de löser. Tänk så många som byter ut sin tid mot mer pengar – som de inte har tid att göra av med …

Min egen filosofi som egenföretagare är att väl balansera de pengar jag vill och kan tjäna, med ett liv som inte beror på pengar allena. Det vill säga jag tackar nej till mycket eftersom tid är minst lika värdefullt som pengar för mig. Jag drar hellre ner på konsumtion än jobbar ihjäl mig för att täcka utgifter som jag egentligen inte behöver ha.

Vad har du för reflektioner om den pensionsreform (2000) som innebär att fem till sex miljoner människor på den svenska arbetsmarknaden själv ska investera i sin PPM-pension?

– Så här i efterhand, och med katastrofbörsen 2008 i åtanke, så känns det ju som alltför mycket gambling med svenskarnas pensioner. Men då var det ju delvis en intressant idé, det gav en slags valfrihet som i efterhand visat sig vara ganska riskfylld.

Det största problemet är att gemene man – inklusive jag själv – är helt ointresserad av att hänga med i börsracet så pass att man kan maxa sin egen pension. Och därmed går säkert mycket pengar förlorade. Samtidigt kan ju den som är intresserad tjäna mer.

Hur skapar man en trygg och hållbar privatekonomi?

– I grunden handlar all ekonomi om pengar in och pengar ut. Det är en mycket bra grundregel, tycker jag, för det gör det hela enklare än det kan verka när man sitter och inte får rätsida på sin ekonomi. Vi har tyvärr skapat oss behov som vi kanske egentligen inte har och därmed dragit på oss kostnader som vi inte tror att vi kan vara utan.

Min erfarenhet är att det alltid går att skära ner, göra billigare, låta bli – om man verkligen vill.

Alternativet är att dra in mer pengar för att täcka de utgifter man inte vill bli av med. Om man ser det så, är det hela egentligen en ganska enkel ekvation.

Jag tycker också att man ska vara försiktig när man räknar, alltid ha en buffert. Men även unna sig någonting ibland som man vet ger energi och glädje.

Och möjligtvis även en förmögenhet?

– Den biten har jag kvar, så det kan jag kanske få återkomma om.

Hur sköter du själv din privatekonomi?

– Jag ser till att alltid ha en riktigt bra buffert, om något skiter sig. Annars är jag rätt noga med mina utgifter, prioriterar och väljer bort. Jag har en revisor som hjälper mig att deklarera i min enskilda firma, men jag bokför allt själv och ser därmed vilka pengar som kommer in och vilka som går ut.

Jag har grym koll på det vanligaste och enklaste – det vill säga betala räkningar och skatter, klistra kvitton i min enskilda firma. Revisorn hjälper mig med årsboksluten.

Hur placerar du dina pengar?

– När det gäller att placera pengar är det mycket knepigare, tycker jag. Inte minst nu ser vi ju hur det kan gå på börsen. Även om jag i min roll som ekonomijournalist har koll på börs och fonder och så vidare så skulle jag aldrig få för mig att ägna så mycket tid åt mina egna fonder och gå in och byta.

Av det skälet har jag lagt om alla mina besparingar – pensioner och en kapitalförsäkring – till räntefonder. Så får jag väl gå in i aktier igen när det känns lite mer stabilt.

Precis före finanskrisen gjorde jag och min man något som nu ter sig smått genialt – tvärtemot alla ekonomexperters råd så sålde jag en stor kapitalförsäkring och han skattade fram pengar ur sitt eget aktiebolag för att vi skulle kunna göra en större amortering på vårt huslån. Det kändes lite busigt då, men grymt klokt idag. Vi ska göra det igen så fort vi får råd.

Vilka är dina rådgivare?

– Jag har haft rådgivare på min bank, som enbart gett mig superusla råd, så den typen av personer har jag noll förtroende för. Nu rådgör jag med min man, mig själv och möjligen min revisor.

Varningar?

– Som sagt: bankernas rådgivare har förstås alltid sin egen bank i bakhuvudet. Det har både jag och min man dåliga erfarenheter av.

Oftast tror jag att det är bättre att rådgöra med en person som känner dig. För pengar är en del av livet, och dina vänner vet bättre hur du vill prioritera. Pengar är ju ändå bara medel för att nå helt andra mål.

Dina bästa spar- och placeringsråd?

– Är du ung så börja spara till en bostad innan du börjar pensionsspara.

Räkna enkelt – pengar in och pengar ut. Ha alltid en buffert.

Lita inte på proffs som utlovar guld och gröna skogar i framtiden, utan se till att realisera det du vill idag (utan att göra slut på allt du har, förstås). Alltså – lägg lite pengar på hög, men inte för mycket. Man måste leva också.

Det råd jag har är att om möjligt amortera på huslån, eftersom det alltid är bra att vara så lite skuldsatt som möjligt. Man vet aldrig vart räntan tar vägen.

Dina egna värsta misstag?

– Jag har förlorat mycket pengar på mina fonder genom åren, eftersom jag varit alldeles för inaktiv. Och så har jag en släkt i Turkiet …

Misstag? Det måste väl vara att om jag aktivt hade placerat mina pengar som jag fick när pappa dog för tjugo år sen så hade jag säkert kunnat varia mångmiljonär idag.

Egna reflektioner?

– Alltmer ansvar lämnas över till individen. Privatekonomi måste bli ett ämne i skolan – ungdomar tror att de ser över sin privatekonomi genom att hitta billigt mobilabonnemang men vet ofta inte ens om de har en tjänstepension via sin arbetsgivare. I vissa branscher, till exempel IT-branschen, betalas ofta ingen tjänstpension vilket kan få stora konsekvenser när de blir gamla.

Göran Grosskopf

Vad gör pengar med oss i dina ögon?

– För litet pengar gör oss olyckliga. För mycket pengar gör oss också olyckliga. Lagom pengar, vilket nästan ingen tycker sig ha, kanske kan göra oss lyckliga.

Vad har du för reflektioner om den pensionsreform (2000) som innebär att fem till sex miljoner människor på den svenska arbetsmarknaden själv ska investera i sin PPM-pension?

– Oansvarigt. Man kan inte förutsätta att alla har kunskaper om fonder och alternativen. Det hade räckt med att man väljer mellan till exempel låg risk, medelhög risk och hög risk, men inte enstaka fonder.

Hur skapar man en trygg och hållbar privatekonomi?

– Först och främst genom att inte överkonsumera, utan ge utrymme för sparande. Av sparandet måste man bygga en stabil grund med låg risk, som man sedan kan bygga på med litet högre risk för att försöka öka avkastningen.

Investera aldrig mer än du har råd att förlora i hög risk. Med andra ord låna inte till högriskplaceringar om du vill ha en trygg ekonomi.

Och möjligtvis även en förmögenhet?

– I Sverige är det fortfarande en hög lönebeskattning så det är svårt att genom arbete skapa en förmögenhet. Därmed blir det goda aktieplaceringar eller fastighetsvinster som kan hjälpa till att skapa en förmögenhet.

Hur sköter du själv din privatekonomi?

– Tyvärr inte tillräckligt bra. När tiden inte räcker till kommer det egna i sista hand och får inte den löpande uppmärksamhet, som man egentligen alltid ska ha.

Hur placerar du dina pengar?

– Jag försöker alltid ha en grundtrygghet med låg risk och kapitalgaranti. Sedan blir det en del med litet högre risk, men fortfarande väldigt försiktigt, och så en liten del med hög risk och goda möjligheter till hög avkastning. I fråga om aktier håller jag mig till de stora och välrenommerade, som kanske inte kan ge någon spektakulär värdestegring, men en rimligt god tillväxt över tiden.

Vilka är dina rådgivare?

– En bankkontakt som jag genom åren fått förtroende för, men också väldigt mycket dagspressens ekonomisidor. Det ger en god överblick av utvecklingen och ofta minst lika mycket som bankens rekommendationer.

Varningar?

– Lyssna inte på den som påstår sig ha ett idiotsäkert placeringstips. Var sansad och sträva inte efter att få för hög avkastning. Bilda dig alltid en egen uppfattning om risk och möjligheter och var balanserad i dina placeringar.

Dina bästa spar- och placeringsråd?

– Har jag egentligen redan gett, nämligen att skapa en grundpott med låg risk. Om du investerar i aktier så köp inte förrän uppgången är tydlig och sälj i tid. Du kan ändå inte pricka in att köpa till allra lägsta kurs eller sälja till högsta.

Dina egna värsta misstag?

– Att inte sälja i tid.

Ytterligare reflektioner?

– Vi har blivit allt mer förmögenhetsfixerade. Det vore bra om vi nu får en tid med låg inflation och därmed också att traditionellt sparande kan få en större plats i privatekonomin, som en trygg och bra grund för framtiden.

Kapitel 4

Lån & kredit

I juli 2009 sänkte Riksbanken sin styrränta – reporäntan – till 0,25 % från den redan historisk låga nivån på 0,5 %. Att låta sig förföras av låg ränta är förrädiskt. Ett stort bolån innebär en långvarig relation med långivaren och det gäller att ha säkerhetsmarginaler. Det enda man med säkerhet vet är att räntor alltid stiger efter nedgång, och det kan gå undan. I oktober 2008 låg reporäntan på 4,75 % och SBAB:s rörliga bolåneränta på 6,65 %.

Att amortera på sitt lån i lågräntetider är bra för plånboken, då har du lägre skuld att betala ränta på i högränteläge. Det ligger dock i bankernas intresse att hålla dig kvar som kund så länge som möjligt. Att amortera betyder ju att du till sist försvinner som räntebetalare och därmed också som lönsam kund.

Vad är smartast? Spara så mycket man kan för oförutsedda utgifter, eller amortera så mycket som möjligt på lånet?

Svaret är inte självklart.

Man kan tänka så här: Den bästa "sparränta" du kan få i normalfallet är att amortera så mycket som möjligt på lånet. Amorteringen är ingen avgift till banken, det är ett sätt att minska din skuld.

Att spara till ränteskillnad är inte heller dumt. Ett vanligt råd är att spara cirka tre procentenheter över den aktuella rörliga räntan. Den summan bör du spara med automatik varje månad. Då får du en buffert att använda den dag räntan plötsligt sticker uppåt. Det blir särskilt förmånligt om man har hela eller åtminstone delar av lånet i rörlig ränta.

I det extremt låga ränteläget 2009 var rådet att spara och räkna på en boränta på cirka 7 % (från nivån 1,5 % rörlig ränta).

Men det enda man egentligen vet, och ska ha koll på, är hur hög ränta den egna ekonomin tål utan att braka samman. Den insikten bör få styra valet mellan bunden och obunden ränta.

Eget spontanlån

Min man och mina tre söner gillar bilar som går fort och har ett fräckt ”fodral”.

Visst. Kul. Men rätt onyttiga, tycker jag som i alla år köpt praktiska begagnade bilar (billigare), med gott utrymme (plats för barn, hundar och matkassar eller trunkar av alla de slag).

Inga lån till bilköp här inte. Sparad buffert ska räcka. Köpa hyfsat billigt med bra bytesobjekt. Präktigt och lite tråkigt, men bra för den som gillar praktiska lösningar. Flärden kan få sitt behov tillfredställt på annat sätt.

Min bil ska alltså vara secondhand, inte för dyr och dessutom ”stötsäker”. En köra-säkert-till-jobbet-bil. Ett måste för den som bor på landsbygden och har fem och en halv mil till jobbet varje dag. Enkel resa.

Kan inte motstå en gnällig sidokommentar: Lätt för storstadsbor att säga ”använd allmänna kommunikationer för miljöns skull” till oss miljoner människor som faktiskt bor långt utanför stadsmurar och där bussen passerar kanske en gång om dagen – i bästa fall – och där närmsta grannen, någon kilometer bort, ska åt andra hållet till sitt jobb.

Kära bilindustri: Låt mig kunna köpa en användbar elbil som orkar köra cirka tio mil på en laddning. Snarast. För en normal summa pengar. Det har länge varit min dröm.

Nåväl. Det var inte en elbil som fick mig på fall för en si så där tolv år sedan.

”Jag tar den”, sa jag till en förvånad bilförsäljare efter att jag kommit tillbaka från en påtrugad svängom i stan i strålande sommarväder med en liten nedcabbad begagnad grön sportbil. Med två minimala, knappt sittbara baksäten.

Innan jag begav mig ut på provturen hade jag sagt: ”Försök inte med mig. Så lätt faller jag inte i farstun. Det är den begagnade Avantin inne i hörnet som jag är intresserad av."

"Ska du inte ens fråga vad den kostar?" sa bilkillen och såg ut som en fiollåda.

"Jag utgår från att du inte lurar mig och ger mig ett bra pris", sa jag med stort smile.

Ungarna var stora. Det slog mig: Varför inte? I ett sekundsnabbt impulsbeslut tecknade jag mitt livs första riktiga lån, bortsett från de två studielån jag tagit i två vändor tidigare i livet och som jag äntligen hade slutbetalat.

Något billån via bilförsäljarens kontakter och finansinstitut tog jag inte. Det vet man ju, att det kan bli för dyrt. Dyrare än ett vanligt lån på banken. Inte alla gånger. Men ta inget för givet.

Var sunt skeptisk till "utmärkta" lånevillkor. Den effektiva räntan, det vill säga alla avgifter och uppläggnings- och administrativa kostnader inräknade, är som en lurig haj under ytan. Det var min inställning då. Det är min inställning nu.

Alltså gick jag till banken och frågade: "Vad erbjuder ni mig för ränta?"

Innan dess hade jag faktiskt – som man ska göra – kollat i andra banker vilka räntor de erbjöd för billån. För dyra tyckte jag och övertygade min bank att jag gott kunde få samma ränta som för bolån åt trogna kunder.

Jo då. Nästan. Kände mig rätt nöjd. Bilen var ju min sommarstuga, som jag sa till vännerna, som ursäkt för lyxen.

"Med cabben nerfälld känns det som att åka båt ..."

Lånet är färdigamorterat sedan några år tillbaka. Lite surt var det – när jag tänkte efter – att se slantarna försvinna i en konsumtionsprodukt vars marknadsvärde försvann i nästan samma takt.

Konsumentverket har bra vägledning vid bilköp: konsumentverket.se

- Förhandla alltid om priset.
- Pruta.
- Jämför priser hos olika bilförsäljare.
- Kolla och jämför även kostnaden på försäkringar. Det kan du lätt göra på konsumenternasforsakringsbyra.se

Tips inför bilköp

Diesel eller bensin? Hyra, köpa eller leasa? Bilen kostar pengar. Vad skall jag tänka på? Här får du några tips på vägen:

Ska man leasa eller köpa?

Köpa är nog bättre än att leasa i de flesta fall. Åtminstone om bilen ägs privat. Vid lån bör du tänka på att räntan på ett specifikt billån ofta är högre än om du utnyttjar låneutrymme på villan eller bostadsrätten. Se till att amortera lånet i minst samma takt som bilen faller i värde.

Köpa nytt eller begagnat?

Som privatperson får man ofta mest bil för pengarna om man köper en bil som har ett till två år på nacken och som har gått några tusen mil.

Sälja på nätet?

Det kan vara ett bra sätt att nå många potentiella köpare. Men låt först värdera bilen hos en, eller helst flera, sakkunniga.

Försäkringar, prisskillnader?

Det kan skilja ganska mycket mellan olika försäkringsbolag. Ring runt och jämför eller ta hjälp av någon jämförelsetjänst på Internet.

Hyra bil i stället?

Att hyra bil är ett kostnadseffektivt alternativ till att ha en andrabil som bara används sporadiskt. Samma sak gäller för en person som bara behöver bil någon gång då och då. Över helgerna finns det ofta olika rabatterbjudanden. För den som bara behöver bil vid sådana tillfällen är hyralternativet särskilt attraktivt.

Bensin eller diesel?

Fundera även på alternativa drivmedel. Eller varför inte en elbil? En hybrid?

Husköp

En god regel är att köpa när man finner sitt drömhus, men till ett pris som den egna privatekonomin klarar av. Räkna alltid med att du ska kunna klara en bolåneränta som ligger minst tre procentenheter över den aktuella räntenivån.

Räkna med ännu högre marginaler om du utgår från den rekordlåga nivå som rådde under 2009, då bolåneräntan med tre månaders bindningstid (oprutat) låg på cirka 1,50 %. Från det utgångsläget krävde bankerna att du skulle klara av en bolåneränta på upp mot 7,5 % för att få låna.

Ett gott råd i alla lägen är att spara separat i en räntebuffert. Sök alltid bästa inlåningsränta.

Glöm inte att räkna med skatten/fastighetsavgiften, lagfart, reparationer av dolda renoveringsbehov och kostnader för löpande underhåll. Håller inte kalkylen? Då får du avstå och fortsätta att dagdrömma om ditt älsklingshus. Det klokaste är att bara köpa det man konkret har råd med.

Kontakta en lokal mäklare och stäm av marknaden. Prata gärna med flera och försök hitta prisstatistik på sålda objekt och se vilken trend som varit senaste tiden.

Kolla mäklarens rykte. Banker brukar ha god koll på deras moral och seriositet och inte minst viktigt, deras kontaktnät.

Tänk på att ett hus eller bostadsrätt i ett attraktivt läge är lättare att sälja i en lågkonjunktur än en fastighet på halvbra läge. Läge och skick, prisnivå och efterfrågan på orten är av stor betydelse. Historiskt sett har fastigheter haft en stabil uppgång på lång sikt. Generellt kan sägas att när avsikten är att bo under en längre tid så finns det mer än marknadsvärdet att ta hänsyn till.

Jämför alltid bolåneräntan i olika banker. Förhandla alltid om räntenivån. Bästa villkor i kombination med bäst ränta bör vara avgörande.

Som helkund i en bank ska du ha bättre ränta och villkor än banken visar upp officiellt.

Viktigt när man köper en bostadsrätt är att kolla bostadsrättsföreningens ekonomi, läsa årsredovisningarna även bakåt i tiden, kolla styrelsens kompetens och sammansättning och fastighetens framtida investeringsbehov. Är underhållet eftersatt kan det medföra högre skuldsättning i föreningen och därmed högre avgift för din del. Ta din bank till hjälp med denna viktiga kontroll.

Tre exempel på hur din månadskostnad för ett bolån påverkas när räntan ändras, efter skatt på 30 % (2009) på ett lån på 1 000 000 kronor.

1. Med 3-månaders ränta på 1,48 %:
   Räntekostnad: 863 kronor/månaden

2. Med 3-årsränta på 3,40 %:
   Räntekostnad: 1 983 kronor/månaden.

3. Med 5-årsränta på 4,35 %:
   Räntekostnad: 2 583 kronor/månaden.

På de här hemsidorna kan du jämföra lån, villkor och ränteeffekter:

comprícer.se
konsumentverket.se
privataaffarer.se/bolån
finansportalen.se

Familjeekonomens råd åt husköpare

- Gör en egen kalkyl så att du vet hur dyrt hus du har råd att köpa.
- Tänk på att du måste ha råd att leva, inte bara bo fint.
- Kolla vilken bank som ger de bästa lånevillkoren.
- Be sedan om ett lånelöfte av banken innan ni bjuder på huset.
- Vid köp av villa har du själv undersökningsplikt. Köp därför en jordabalksbesiktning av en auktoriserad besiktningsman med ansvarsförsäkring innan ni bestämmer er.
- På Anticimex hemsida finns bra tips där du kan lära dig om husens svaga punkter: anticimex.se
- Följ räntemarknaden och dela eventuellt upp lånet i tre delar. Då kan ni ha en del i rörlig ränta och binda två delar på olika tidsperioder. Att ha några delar till bunden ränta kan dock bli dyrare än att ha rörlig ränta på hela lånet.
- Teckna livförsäkringar med varandra som förmånstagare. Då kanske den efterlevande har råd att behålla huset även om en av er skulle avlida. På hemsidan kopa-hus.se kan ni läsa fler tips inför husköpet.

KÄLLA: ANN-SOFIE MAGNUSSON, FAMILJEEKONOM IKANOBANKEN

Bunden eller rörlig ränta?

Det finns mycket att fundera på när du står inför ett av ditt livs viktigaste beslut och affärsuppgörelse, att köpa egen bostad och att ta ett bolån – en bankförbindelse och förpliktelse som ska följa dig under många, många år framåt.

Under senare år har de som valt rörligt bolån vunnit på affären jämfört med bundet lån. Skälet är att de rörliga räntorna har varit lägre än de bundna. Men här gäller det att tänka ett varv till.

Tål min ekonomi om räntan plötsligt skjuter fart uppåt med många procentenheter på relativt kort tid? I reda pengar kan det då handla om flera tusenlappar mer i månaden. Hur säker är jag på att få behålla jobbet och därmed en fast och hyfsad inkomst som räcker till mina fasta utgifter?

Fundera på om du möjligen ska dela upp lånet i olika delar, med en del rörligt, en del bundet på kortare tid och en del på längre sikt. Be din bank skissa på olika alternativ och månadskostnader.

Du kan också vara smart och amortera mellanskillnaden mellan rörlig ränta och räntenivån på ett exempelvis tvåårigt bundet lån – om du har råd. På det viset minskar lånet snabbare och därmed också kostnaderna.

Har du inte råd med detta så bör du kanske fundera på om du överhuvudtaget har råd att köpa ett hus på ”marginalen” av vad din ekonomi mäktar med.

Så pressar du boräntan:

- Gör klart för dig själv i förväg om du verkligen är beredd att byta bank om du inte får de villkor du vill ha.
- Samla argument inför förhandlingen med banken.
- Jämför olika bolåneräntor och villkor.
- Du kan spela ut två eller flera banker mot varandra genom att presentera det bästa erbjudandet för den andra banken.
- Välj den billigaste banken. Eller välj att stanna kvar hos din nuvarande om du tycker att den bemöter dina förslag positivt.
- En bra kund är den som har mycket lån i banken. Inte den som har mycket på sparkontot och en bra bankkund får bästa räntan.

▸

- Ett förslag kan vara att lägga över andra smålån till den här banken, vilket betyder att du blir en större kund.
- Har din privatekonomi blivit bättre på senare år? Då är du också en bättre kund för banken eftersom du fått en bättre betalningsförmåga.
- Du kan också välja att teckna en försäkring genom banken. Eller en arbetslöshetsförsäkring; ett så kallat bo-kvar lån, som säkrar dina lånekostnader under cirka ett år som arbetslös. (Tidslängden beror på vilken bank du väljer att teckna försäkringens hos. Jämför också både villkor och avgift.)
- En livförsäkring är ett annat sätt att säkra sitt boende om den ena partnern dör i förtid. Då finns det kapital att betala exempelvis bolån.

Lån kan bli som ohyra: väldigt svåra att bli kvitt

2008 ändrades reglerna så att Kronofogden fick mäta ut även en bostadsrätt. Detta fick omedelbar effekt. Antalet bostadsrätter som anmäls till exekutiv auktion ökade, från cirka 700 stycken 2007 till drygt 1 000 i landet 2008.

Och ökningen har fortsatt. Antalet bostadsrätter som anmäldes till försäljning hos Kronofogden var i slutet av juli 2009 redan uppe i 561 ärenden totalt i landet. Även antalet inkomna fastigheter (villor, tomter eller jordbruksfastigheter) till exekutiv försäljning har ökat. Kronofogden trodde sommaren 2009 emellertid inte att kulmen var nådd på det här området. Full negativ effekt förväntades först något år efter lågkonjunkturens peak, så var nämligen fallet under lågkonjunkturen 1989–1991. Ansökningar om exekutiva försäljningar av fastigheter toppade då med 17 000 fastigheter först 1993.

I den lågkonjunktur som med turbohastighet drog igång under finanskrisen hösten 2008 hängde utvecklingen på hur fastighetsmarknaden skulle utvecklas framöver. Stigande räntor, stegrande arbetslöshet, fallande fastighetsvärden och inga köpare? Den kombinationen kan orsaka en katastrof även för en familj som tidigare tryggt förlitat sig på två säkra inkomster.

Kronofogden räknar med att omsättningen på fastighetsmarknaden är avgörande. Kräver bankerna att en kund, som inte kan betala sina boräntor, löser sina lån och det inte finns några köpare på marknaden så är risken för exekutiv auktion överhängande.

Obetalda skulder är en mardröm för den som inte kan göra rätt för sig. Eländet kan som sagt i värsta fall sluta i vräkning från en hyresrätt eller utmätning och exekutiv försäljning av det egna huset, fastigheten eller bostadsrätten för att täcka skulderna. Och skulden, ska du veta, behöver inte vara stor. Det finns ingen fastställd minimigräns. En borgenär kan tvinga fram en utmätning och i förlängningen en exekutiv försäljning om det inte finns andra tillgångar att ta till för att täcka en skuld. Vid en sådan begäran kan Kronofogden inte göra annat än verkställa "beställningen".

Att blunda för den finansiella verkligheten är en samhällstrend; med allt från snabba konsumtionslån in blanco och krediter utan krav på vare sig säkerhet eller betalningsförmåga och med enormt hög effektiv ränta, till dyra fastighetsköp på hushållsbudgetens smärtgräns.

Antalet lättvindiga SMS-lån beräknades som exempel öka från 400 000 stycken 2008 till upp mot 800 000 år 2009. En stor andel av dessa snabblån hamnar som betalningsföreläggande hos Kronofogden. Redan under första halvåret 2009 hade Kronofogden registrerat över 23 000 ansökningar om obetalda skulder för SMS-lån. En ökning med 35 % jämfört med samma period föregående år.

SMS-lån

SMS-lånen är förrädiska. De som lockas att ta dessa lån, kan nog inte i sin vildaste fantasi föreställa sig att den effektiva räntan (= ränta + olika avgifter) kan hamna upp mot 600-800 %, ibland på den hisnande nivån långt över 1 000 %.

Sms- och snabblån på små summor lyder inte under den nuvarande konsumentkreditlagen (2009). Därför behöver utlåningsföretagen inte göra någon kreditprövning på lån under 4 000 kronor. Samma "frihet" gäller för lån med en löptid som understiger tre månader.

Det är inte bara unga människor utan betalningsförmåga som hamnar i skuldfällan. Äldre har börjat använda snabblån som ett sätt att betala andra skulder. En dyrköpt och farlig lösning.

Att erbjuda snabblån är ett cyniskt sätt att locka och utnyttja människor, som redan är ekonomiskt svaga, att låna till skyhöga kostnader", säger Jan Åkerlund på Kronofogden i Stockholm, med mångårig erfarenhet av SMS-lånens härjningar.

Men i slutet av 2009 slog politikerna till för att få stopp på eländet. Den borgerliga regeringen la den 21 december 2009 fram ett förslag som förhoppningsvis ska sätta stopp för snabba, dyra SMS-lån och förhindra att människor hamnar i en svår skuldfälla.

För att uppnå detta vill regeringen införa en ångervecka som gör det möjligt att krypa ur lånet i mer "nyktert" tillstånd. Dessutom vill regeringen skärpa kraven på kreditprövning och information om SMS-lånen. 2008 fick kronofogden in 36 000 ärenden som gällde obetalda SMS-lån. Om lagförslaget går igenom av riksdagen börjar den nya konsumentkreditlagen gälla den 1 januari 2011.

Alla snabblåneskulder lämnas emellertid inte över till Kronofogden. Samvetslösa kreditgivare i gråzonen pumpar istället låntagare på extra avgifter, år ut och år in under hot att annars gå till Kronofogden. Det slutar med att den stackare som inte inser vad den effektiva räntan ställer till med, står där efter något år med en väsentligt större och ännu mer svårbetald skuld.

Kronofogden ger ett exempel: Du är tonåring och har inga inkomster att betala ditt lån på 3 000 kronor. Utlåningsföretaget lägger istället på en dröjsmålsränta på 30 % per år, vilket betyder en årlig kostnad på 900 kronor.

Efter 10 år, när de räknar med att den forna tonåringen nu har en lön, slår långivaren plötsligt till med ett betalkrav. I det läget har skulden vuxit till 12 000 kronor.

"En väldigt bra investering för de som lånar ut pengarna och en mycket dålig affär för låntagaren", konstaterar Jan Åkerlund.

Det gamla moraliska rättesnöret "den som är satt i skuld är icke fri" tycks inte fungera som mental stoppkloss i nutid. Synen på skuld och de skuldsatta varierar över tid. Låt mig återge delar ur en artikel om skuldsanering i *Sydsvenskan* från september 2008, samma höst som den globala finanskrisen slog till.

● I det medeltida katolska Europa var utlåning något fult. Samhället fördömde inte i första hand den skuldsatte, utan bankiren eller ockraren som utpekades som en "ondskans tjänare".

I vissa av de reformerta staterna var det tvärtom. I slutet av 1700-talet tvingades till exempel skuldsatta i England att bära en speciell grönfärgad mössa, den tidens betalningsanmärkning.

I Europa idag ser man överskuldsättning som ett socialt problem och betonar moralaspekterna, medan man i USA ser det som ett kreditmarknadsmisslyckande. Det återspeglar sig till exempel i villkoren för att få skuldsanering. Att erbjuda människor en ny start är en del av den amerikanska identiteten och ska uppmuntra risktagning och entreprenörskap.

Enligt Richard Wahlund, professor i företagsekonomi, har synen på skulder i Sverige förändrats de senaste tjugo åren. Tidigare såg man skulder som avsaknad av frihet, illustrerat av uttryck som "Den som är satt i skuld är icke fri". Idag kopplas skuld mer till investeringar, ett medel för att uppnå bättre status.

SYDSVENSKAN SEPT 2008

2008 räknade Kronofogden med att det fanns ungefär 400 000 överskuldsatta i landet. Antalet människor som påföljande år hamnade i Kronofogdens register steg till upp mot en halv miljon.

Detta har också ett kroppsligt pris. Överskuldsatta har 35 % lägre hälsovärden än normalbefolkningen vilket innebär samhällskostnader på 30–50 miljarder per år.

Kommunens budget- och skuldrådgivare kan hjälpa dig att se vilka möjligheter det finns att förändra din privatekonomiska situation. Ibland kan det röra sig om helhetslösningar då man försöker få till stånd överenskommelser med alla man har skulder till.

Det går dock att ansöka om skuldsanering direkt hos Kronofogden utan tvång på att först ha försökt lösa situationen via kommunens budgetrådgivning. Information om skuldsanering hittar du på Kronfogdens hemsida kronofogden.se.

En ny lag som trädde i kraft 2007 gör det lättare än förr att ansöka om skuldsanering. Många ansökningar kommer via kommunernas budgetrådgivare, det är en bra inkörsport för att få hjälp att formulera en korrekt ansökan till kronofogden. Det snabbar upp beslutsprocessen om Kronofogden får alla nödvändiga fakta på bordet direkt.

Sök hjälp i tid. Vänta inte för länge med att ta hjälp om skulderna skenar.

Med skuldsanering menas att en svårt skuldsatt person under vissa förutsättningar kan befrias från skyldigheten att betala sina skulder helt eller delvis. Det är vanligt att den djupt skuldsatte har skulder hos Kronofogden. Den som beviljas skuldsanering får leva på existensminimum i fem år.

Du kan få skuldsanering om du är så svårt skuldsatt att du inte på något sätt kommer att kunna betala dina skulder på många år (så kallad kvalificerad insolvens). Du ska också ha gjort allt du kan för att försöka betala av dina skulder.

För att få rätt till skuldsanering måste merparten av skulderna vara minst tre till fyra år gamla enligt huvudregeln. Du ska också vara folkbokförd i Sverige. Du får inte heller ha ett pågående näringsförbud. Du kan i princip bara få skuldsanering en gång.

Är du företagare måste din verksamhet vara liten och det mesta av dina inkomster ska komma från annat håll. Det står inte i skuldsaneringslagen hur stor skulden måste vara. Bedömningen görs från fall till fall.

Nya regler för skuldsanering på gång

- Det ska bli lättare att få skuldsanering. Det föreslog en utredning som lämnades över till regeringen i september 2008.
- Ett förslag i utredningen går ut på att saneringsperioden förkortas från fem till tre år. Denna förkortning är dock kraftigt ifrågasatt av många remissinstanser, främst av borgenärsgrupper som befarar att detta skulle medföra en förslappad betalningsmoral.
- Ett annat förslag som dock gillas av många är att skulderna inte behöver vara lika gamla som idag (minst 3 år).
- Bedömningen av den skuldsattes framtida ekonomiska situation ska också göras över en femårsperiod istället för som i nuläget över en tioårsperiod.
- Enligt utredningen kommer detta att leda till att antalet ansökningar om skuldsanering ökar från 7 000 till mellan 13 000 och 26 000 personer årligen.

Tappar du kontrollen blir det dyrt

SKULDMALL

Skuld	100 kr
Skriftlig påminnelse	50 kr
Inkassokrav	160 kr
Ansökan hos kronofogden om betalningsföreläggande	300 kr
Ombudsarvode	340 kr
Amorteringsplan	500 kr
Ansökan om utmätning hos kronofogden	500 kr
SUMMA	1.600 kr

KÄLLA: KONSUMENTVERKET (2009)

Rådgivare:

kronofogden.se
konsumentverket.se
insolvens.se (förening för skuldsatta)
Din kommuns hemsida, sök efter budget- och skuldrådgivare

Tips på hur du själv kan sanera din ekonomi

Sälj det du inte behöver: Använd Tradera, Blocket eller dagstidningar. Gå igenom dina gömmor och se vad du kan sälja. Vinden, garaget, förrådet, garderoben – gamla lådor kan dölja många bortglömda "fynd". Sök på Google och kolla prisnivåer så du får ett hum om vad du kan få ut. Tänk även omvänt. Det går utmärkt att även köpa billigt på nätet

Pantbanken: Panta gamla smycken eller andra värdeföremål som du kan avvara. Men var medveten om att grejorna kan gå förlorade.

Gör en kalkyl: Skriv upp vad du köper och betalar för. Skriv upp vartenda öre. Bredband, mobil, godis, snus, tidningar, tipsrader, parkeringskostnader, bensin, läsk, mat, cigaretter, gymkort, medlemsavgifter, parkringskostnader, bio, öl, fika, prenumerationer. Sammantaget blir dessa småskvättar stora utgifter.

Handla smart: Köp bara det du verkligen behöver. Köp olika produkter på olika ställen. Sök lägsta pris.

Laga mat hemma: Baka familjens bröd, gör storkok och frys in. Det tjänar du stora pengar på i längden.

Telefon/ bredband: Jämför priser hos olika aktörer. Det lönar sig. Bind dig inte för långa kontrakt.

Kolla ditt elpris. Byt leverantör till lägsta pris och bäst villkor. Rörligt elpris i kombination med prisvarning när det är dags att binda är en bra idé. Tillsvidarepris är absolut dyrast.

Rea och secondhand: Ett bra val, inte minst bra när det gäller att köpa kläder för barnfamiljer.

Måste du ha egen bil, båt och sommarstuga? Ta tåget, hyr båt eller sommarhus.

Hyra ut? Bed and breakfast? Har du plats och tid kan du kanske hyra ut ett rum eller två.

Låt dig inte luras av "räntefri" kredit

Köper du en tv, dator eller vitvaror erbjuds du kanske en räntefri kredit. Kom dock ihåg att den inte är kostnadsfri. Du får betala både uppläggningsavgift och en aviavgift varje månad. Fråga omedelbart hur hög den effektiva räntan blir, räknat på en bestämd tidsperiod. Var noga med att din månadsbetalning kommer fram i tid. Om inte går den räntefria krediten då automatiskt över till en vanlig kontokredit med hög effektiv ränta, eller så får du betala en hög straffavgift.

Varning även för postorder och skönhetskirurgi. Postorderföretag tar ofta ut hög effektiv ränta, upp mot 30 %. Samma sak med reseföretag.

Kolla även vad du får för effektiv ränta på "bröllopslån" eller på lån för att låta plastikkirurgen sätta kniven i dig på kredit.

Bra att veta:

Kredit på lönekontot kostar också pengar. Många banker tar en årlig kreditavgift för detta. Använder du inte krediten: säg upp den och spara in avgiften.

Belåna aktier = livsfara

Aktier och fonder går också att belåna. Hur hög räntan blir får du förhandla med banken om, men detta är ett extremt riskfyllt sätt att låna pengar och absolut inget för en vanlig vardagsekonomi. Du kan riskera att bli utsatt för tvångsförsäljning av aktierna om värdet vid ett långvarigt börsras sjunker under det belånade värdet.

Säg att du belånat aktierna till 60–70 % av de dagsaktuella kurserna. Vad då, 30–40 % i marginal? Det ska väl för sjutton räcka?

Med facit i hand vet vi vad som hände. Den svenska börsen föll med 42 % 2008. Samma sak gällde Nasdaqbörsen i USA och börsen i Brasilien. Moskvabörsen föll med 73 %, börsen i Shanghai med 65 % och börsen på Island med 90 %, bara för att nämna några exempel.

Historiska och "onormala" börsfall. Visst, men börsen är i princip aldrig normal och utgör alltid en risk. Du kan ju bara föreställa dig vad som hände med sådana lån under finanskrisen, då kurser på enskilda aktier i princip utraderades och föll med så mycket som nära 90 %.

Inget bra alternativ för den som inte har råd att spela hasard med sina sparpengar och riskera att förlora allt på ett bräde.

Välj rätt kredit

Du lånar 15 000 kronor. Hur mycket betalar du då totalt?

- Personlån i bank: kreditkostnad 3 050 kr. Effektivt ränta 8 %.
- Medeldyrt kreditkort: kreditkostnad 6 250 kr. Effektiv ränta 15 %.
- Dyrt kreditkort: kreditkostnad 8 675 kr. Effektiv ränta 20 %.

Effektiv ränta: kreditkostnaden angiven som en årlig ränta beräknad på kreditbeloppet. I förekommande fall under hänsynstagande till att delbetalningar ska göras under den löpande kredittiden.

KÄLLA: KONSUMENTVERKET

Fackliga lån, ett bra alternativ

Fackliga medlemslån som är hyfsat billiga kan medlemmar i facket till exempel få via Nordea och Swedbank. Dessa lån har ingen uppläggningsavgift, inga aviavgifter och har förhållandevis låg månadsränta. Liknande lån kan finnas hos andra banker. Ring runt och fråga. De allra billigaste banklånen fordrar en säkerhet i form av en villa eller bostadsrätt.

Seniorlån

Säkert hus + osäker inkomst = guldkantat lån. Hur går den modellen ihop?

Förklaringen heter seniorlån, ett ganska upphaussat bolån som presenteras som den fattige pensionärens frälsning. Men hur är det egentligen med den saken så här en lite drygt handfull år efter att denna nya bolåneform godkändes av Finansinspektionen?

En sak tycks vara säker: de är efterfrågade. Enligt en bedömning i tidskriften *Privata Affärer* hade det fram till 2008 sålts upp mot 10 000 seniorlån i Sverige. Branschens egen bedömning i dåläget var att marknaden skulle fördubblas på fem år.

Så vad är då ett seniorlån? Är det vägen till en guldkantad vardag, eller vägen till våldsam huvudvärk?

Seniorlånen ploppade upp som svampar när Finansinspektionen 2002 gett klartecken åt lån till äldre med låg inkomst, men med goda tillgångar.

Idag finns det upp mot ett tiotal olika seniorlån att välja mellan, med lite olika villkor.

Egentligen har det varit förvånansvärt tyst om – så att säga – baksidan av myntet. Seniorlånen är nämligen mycket svåra att jämföra. Villkoren, räntorna, belåningsgraden, löptiderna och avgifterna varierar kraftigt mellan olika banker och låneinstitut. Fallande huspriser kan utgöra en stor risk. Skilsmässa under lånets löptid kan också ställa till det ordentligt. Dessutom kan kunden förblindas av att få en stor påse pengar i handen istället för att ta ett kompletterande bolån med väsentligt lägre ränta.

På vissa lån läggs räntan till skulden och betalas först den dagen lånet förfaller eller bostaden säljs. Detta innebär att du får betala ränta på ränta, vilket kan bli väldigt dyrt i slutändan. Med den lånekonstruktionen ökar skulden snabbt. En uträkning i *Privata Affärer* från mitten av 2008 visar att uppskjuten räntebetalning gör att ett lån på 300 000 kronor med ackumulerade räntebetalningar har ökat med 275 000 kronor, till en skuld på cirka 575 000 kronor efter tio år, räknat på den aktuella räntenivån vid den tidpunkten. Om du väljer ett lån med ränta på ränta måste du först kräva att få se en beräkning på hur stor skulden kan bli när du ska lösa lånet.

Plus och minus för seniorlån

Positiva sidor:

Pensionärer med stort värde bundet i fastighet (men som har för låg pension för att ha råd att bo kvar på grund av skatter och renoveringsbehov) kan öka sin månadsinkomst med ett seniorlån.

Pensionärer med låg inkomst får ekonomisk möjlighet att renovera bostaden, eller göra sin drömresa, eller hjälpa barn och barnbarn ekonomiskt och ändå ha råd att bo kvar i huset.

Negativa sidor:

I värsta fall kan man bli tvungen att sälja sitt hus om man inte har möjlighet att förlänga lånet. Som lån kan det bli dyrare än vanliga hypotekslån då räntan helt, eller åtminstone delvis, betalas med lånade pengar.

Det kan vara svårt för en pensionär att förstå hur dyrt det kan bli eftersom lånekonstruktionen är komplicerad. Du "ser" kanske inte den totala kostnaden eftersom du inte själv handgripligen gör räntebetalningarna.

Tänk på:

- Det är ett lån som ska betalas tillbaka någon gång.
- Det urholkar arvet till efterlevande.
- Låna inte för mycket. Då har du större möjligheter att förlänga lånet, alternativt får ut mer i vinst vid en försäljning.
- Lånet lämpar sig bäst för dig som vill bo kvar så länge som det är möjligt.

Nio steg till klokare krediter

1. Utred på vilket sätt kreditskulden ska betalas. Förfaller hela skulden vid ett visst datum har du räntefri kredittid. Hela skulden måste då betalas direkt, vanligen mot en faktura inom 30-45 dagar. Detta betalkortsalternativ är antagligen bäst för odisciplinerade.
2. Betala av skulden så snabbt som möjligt. Bygg inte upp ett skuldsaldo.
3. Kreditkort knutna till butikskedjor är många gånger det dyraste alternativet.
4. Granska villkoren noggrant. Räntefritt kan i själva verket innebära höga kostnader i form av olika avgifter kopplade till kortet.
5. Några banker erbjuder sig att skicka meddelanden via sms eller e-post när saldot har nått en viss nivå. Meddelandet fungerar som varningsklocka.
6. Slimma ditt kreditkort genom att sänka kreditgränsen. Du måste inte acceptera erbjudanden om 100 000 kronor i kredit, inte ens 10 000 kronor. Varför inte sänka gränsen till 2 000 kronor?
7. Utsätt dig inte för frestelse. Bestäm och stålsätt dig i hemmet för hur mycket du ska handla för innan du går ut och shoppar. I affären är det oftast omöjligt att stå emot.
8. Ta ansvar för din ekonomi. Lägg upp en budget.
9. Klarar du inte av att stoppa köpsuget och betala i tid, och innerst inne vet att du blir skuldsatt upp över öronen? Klipp kortet!

KÄLLA: SYDSVENSKAN

Lånesuget

Denna fråga till *M-magasin* kan stå som exempel på konsumtionslånesuget:

Jag längtar till de grekiska öarna. Jag vill åka dit i sommar. Kruxet är att jag inte har några pengar över och inte heller något sparkonto att ösa ur. Därför skulle jag vilja veta hur jag bäst lånar pengar till min semesterresa? Jag blir så förvirrad när jag läser om resebolagens krediter. Finns det bättre lån?
Sonja

– Bäst är att spara i god tid till den här typen av utgifter. Att låna till konsumtion är aldrig en bra lösning. Det kostar surt i efterhand, när lånet med ränta och amorteringar ska betalas tillbaka... När solbrännan är borta, värmen i huden försvunnit och minnet av timmar med illblått vatten och lata stunder har förbleknat i rusket och regnet och kylan här hemma.

Jag låter som en veritabel glädjedödare.

Visst. Ta ett lån. Men räkna på det så att det inte blir som att kissa i sängen: Först varmt, sen svidande kallt.

Att ta krediter – typ resebolagens egna krediter – kan bli svindyrt i realränta när allt, inklusive avgifter, är inräknat. Måste du nu låna till konsumtion så gör det i en bank genom att kanske toppa ett gammalt bolån till hyfsat låg ränta. Men se då till att du så fort det går efter resan betalar tillbaka hela lånet för att slippa evighetsutgifter för något som för länge sedan är förbrukat.

Tips: Gör en hushållsbudget och planera framåt. Räkna på inkomster och utgifter och se hur mycket du kan avvara och lustspara i månaden.

Kortkunskap:
Kreditkort, betalkort eller automatkort?

Det finns flera alternativ för den som vill handla kontantlöst. Men villkoren och avgifterna skiljer sig avsevärt.

1. Det traditionella kreditkortet innebär att man handlar på kredit och betalar ränta från första inköpsdagen.
2. Det finns ett antal mellanformer med kreditkort knutna till vanligt bankkonto. Så länge det finns pengar på kontot är köpen räntefria. Finns det inte pengar kan man nyttja kreditbufferten. Men då är det slut med räntefriheten.
3. Med betalkort kan man vänta 30-45 dagar med att betala sin skuld. Vilket i praktiken innebär att man får ett kort räntefritt lån.
4. Automatkort går enbart att använda för att ta ut pengar i uttagsautomat. De är dock på väg ut från marknaden.

KÄLLA: SYDSVENSKAN

Standardråd:

- Låna inte till konsumtion
- Spara dig till målet
- Om du absolut måste låna: försök ta banklån
- Räntefritt är inte kostnadsfritt
- Att hyra är oftast dyrare än kortkredit

Kapitel 5

Du och din bank

Vägval bank

Bankerna. Dessa institutioner vi älskar att hata. Och inte kan vara utan. Men vi kan lära oss att se på dem på ett annat sätt. Är vi inte nöjda med pris, kvalitet och service? Då köper vi varan någon annanstans. Konstigare är det inte.

Jo då, jag har själv bytt bank. Efter mycket om och men. Det var den där sista droppen som fick mig att gå i taket. Beslutet togs dock inte över en natt. Jag drog mig i det längsta. Ett bankbyte är ju trots allt en slags skilsmässa.

Så här var det: En till synes oskyldig bagatell, och det brast. Saken var den att banken och jag hade gjort upp om att jag skulle slippa de avgifter som alla banker efter hand lagt på papperscheckar (dyra, otidsenliga och personalkrävande). Men i vilket fall. Skälen till detta muntliga avtal var två:

1. En trogen och mångårig kund sedan studietiden i Lund med hel familj dessutom som kund i banken ska behandlas välvilligt. Billig kundservice är det dessutom för banken att "bjuda" på insatsen, några futtiga kronor per check.

2. Lantis-argumentet: "Det finns inga bankomater i bokskogen."

En nyrekryterad ung man på banken tyckte dock annorlunda, vilket till min häpnad framgick när det åter var dags att slå en signal och säga: "Kan du fixa att checkavgiften dras bort. Den slank visst med även den här gången."

Nä, se det kunde han inte alls. Med försmädlig attityd svarade han mig korthugget att det minsann inte var aktuellt att återskänka mig några avgifter och att jag skulle betala checkavgift precis som alla andra. "För varför skulle du ha särskilda fördelar framför andra av våra kunder?"

Tystnad.

"Så banken bryter plötsligt ensidigt sitt avtal med mig utan föregående diskussion om saken?"

"Ja. Här gäller samma regler för alla förstår du."

Tro på det du, tänkte jag.

"Kan jag få tala med din chef?"

"Nej, det är inte aktuellt. Han är på konferens och får inte störas."

”Ett gott råd: Stör honom.”

”Nej, det går inte”

”Jag lovar. Det går.”

Sur som ättika beslöt han uppenbart att få tyst på tanten genom att ringa. Trots den kalkylerade risken han trodde sig ta att tappa ”karriärpoäng” hos chefen genom att störa med skitsaker.

Fyra minuter senare: ”Jo du förstår, det var ju alls inte meningen. Självklart ska du inte betala checkavgifterna.”

I den konversation som sedan följde ställde han någonstans frågan, som han nog trodde skulle uppfattas som en ren lustighet: ”Men inte hade du väl bytt bank för en sån här liten bagatell?”

Så fel han tänkte. Att inte kunna läsa av sina kunders behov och ta berättigad kritik på allvar – hur liten kunden än är – leder till kundflykt. Förr eller senare. Självklart bytte jag bank. Det går inte att vara kund i en bank som har en von oben-attityd till sina vanliga sparkunder. Men det kändes nästan som att skolka, som att svika, att göra något värt att skämmas för. Kulturella traditioner har djupa rötter.

Väl omhändertagen av nya banken fattade jag inledningsvis tyvärr två helkorkade beslut.

Dumhet nummer ett: Idiotiskt nog följde jag nya bankens råd att sälja fonderna i mitt fondsparande i den gamla banken, som jag hade haft i många år. Och vad hände? Jo, jag fick så klart en binge skatt att betala på den vinst som plötsligt blev realiserad. Helt i onödan eftersom jag i det läget absolut inte behövde sparkapitalet. Vad jag borde ha gjort var att tänka på saken ett varv till.

Nu har dessa fondpengar stått på bankkonto ett par år utanför den senaste börsuppgången, som pågick fram till mitten av 2007. Jag kom mig aldrig ens för att peta in dem i en ny fond. Tiden rann bara undan och så ”fick det va”.

Känns det igen? Tiden räcker liksom aldrig till. Ett bättre alternativ hade varit att låta detta fondsparande – kopplat till den gamla banken – stå kvar där och istället starta nytt fondsparande i den nya.

Man behöver inte alls vara en och samma bank trogen, vilket var mer vanligt förr i tiden. Det går bra att ha fingrarna i många syltburkar. Bästa villkor får vinna. Det enda du behöver vara hygglig och trogen mot är din egen plånbok.

Å andra sidan kan man ju säga att det i förlängningen inte var helt dumt att vara tryggt "likvid", det vill säga att ha en summa pengar på banken lätt tillgänglig vid behov. Dessutom utom räckhåll för börsraset. För visst är en bankränta på drygt 4 % (som då 2007/2008) bra mycket bättre än det börsras på drygt 40 % som inträffade 2008, och som annars skulle ha raderat ut nära nog hälften av mitt fondsparande.

Dumhet nummer två som jag begick: Jag tecknade en kapitalförsäkring och glömde sedan bort (förträngde ...) att kolla placeringarna inom försäkringen, för att åtminstone försöka uppnå de minst 6–7 % i tillväxt per år som krävs för att den formen av sparande ska löna sig.

Vad jag givetvis borde ha gjort var att slå en signal eller mejla bankrådgivaren för att resonera om lämpliga omplaceringar. Sådana omplaceringar inom en kapitalförsäkring är avgiftsfria. Vilket är en av finesserna i den sparformen, förutom en gynnsam beskattning.

Ett annat misstag jag gjorde var att inte omedelbart efter bankbytet förvissa mig om att jag fått "rätt" bankrådgivare som passade såväl mina konkreta behov som min personlighet. Det tog mig nära två år innan jag insåg att det var helt okej att välja en annan. Det är inte alls oartigt. Det är självklart det bästa både för dig själv och för banken. Personkemi är viktigare än man tror. Det handlar ju om något så fundamentalt som förtroende. I vissa situationer i livet måste man avslöja ytterst privata problemställningar för sin bank för att få bästa råd och lösning till stånd. Det kan gälla allt från en skuldsanering, försäkringsfrågor och förmånstagarbeslut, till behov av familjejuridisk hjälp. Eller ett uppriktigt råd om hur jag på bästa sätt ska förvalta mitt kapital och sparande. På mina villkor. Inte på bankens, som självklart i första hand försöker sälja in bankens egna sparprodukter till sin kund.

Det är inte per automatik med hjälp av den egna bankens produkter som du får den bästa lösningen för just dig i en given situation. Därför är det viktigt att både ha en schysst rådgivare på banken och egen kunskap om var, utanför banken, man kan få sakkunniga och objektiva råd.

Att byta bank är ingen konst

Den nya banken sköter allt. Detta gäller möjligen inte alla nischbanker. Fråga runt. Att själv beställa och öppna ett lönekonto i en nischbank är till exempel inte så komplicerat. Ring i vilket fall runt och red ut vilken bank som ger dig bästa villkor och service och till vilket pris.

Det är inte alls svårt. Du ber att få tala med antingen en kontorschef eller ansvarig informationschef. Boka gärna in ett personligt möte på banken, och gör det på fler banker. Då kan du lättare se om du och den där banken/rådgivaren trivs tillsammans. Det handlar mycket om att hitta rätt person.

Ställ frågor, typ: ”Jag funderar på att byta bank. Vad har ni att erbjuda mig?”

Tänk på att ju mer du samlar på en bank desto bättre villkor bör du kunna få, precis som i andra affärer. Ju mer du handlar, desto mer rabatter kan du kräva.

Tänk på att informera den nya banken om allt som ska flyttas över. Det finns inga gemensamma register. Den nya banken kan inte veta vad du har samlat på dig för tjänster i den gamla banken. Exempelvis är autogiro-betalningar och insättningar för lön och eventuella sidoinkomster sådant som kan vara lätt att glömma bort.

Det vanligaste tillfället då folk byter bank är när man lägger om sina bolån eller köper hus. Den nya banken hjälper dig att lösa lånen i din gamla bank om du har sådana. Tänk på att det kan kosta att lösa ett lån. Om du har bundna lån kan det uppstå så kallad ränteskillnadsersättning som ska betalas. Din gamla bank kanske vill ha betalt för ränteförlusten.

Kolla vilken bank som tar emot andras fonder

Bara för att du byter bank behöver du inte sälja och byta fonder. Är du nöjd så låt dem stå kvar. Man kan ha två banker (eller fler).

Några få banker kan emellertid idag erbjuda dig att flytta med alla fonder utan att sälja av dem, vilket gör att du kan samla alla fonder på ett ställe. Kolla om din nya bank har den möjligheten. Det är en fördel. Då kan både du själv och din rådgivare få en samlad bild av din ekonomi och ditt sparande.

Vem kan man lita på?

Är man rik är bekymret tämligen litet, i alla fall ur arvodessynpunkt. Har man en fet plånbok har man råd att anlita icke-bankanknutna försäkrings-, placerings- och pensionsrådgivare – konsulter som på ditt uppdrag skannar av marknadens olika alternativ och tar fram förslag på bästa alternativ för dig och din livssituation. Mot betalning förstås.

Har du bara dig själv att förlita dig på och vänder du dig till en och samma bank? Ja, då blir läget knepigare.

Frågan här nedan kom till M-magasin redan 2006, men är lika aktuell idag. Den visar hur osäkra och villrådiga bankkunder är i valet av sparform och investering.

Hej Birgitta

År 2000 gick jag till min bank och köpte en kapitalförsäkring. Kvinnan som sålde den sa att jag skulle investera den i internetfonder. Detta var i juni. Ett litet tag senare gick ju luften ur internetfonder. Jag hade satt in sammanlagt över 100 000 kr.

Några år senare i samband med en tragisk skilsmässa var jag tvungen att lösa in den. Då var värdet nere i 50 000 kronor. Hur kan banker luras så?

Det är ju rena rama försäljningstricks. Vad har de där bankrådgivarna för utbildning, har de inget etiskt tänkande inom banken eller ska de bara sälja på? Får de bonus på vad de säljer? Eller var det jag som var naiv?

/ Bank-besviken

– Det har visserligen gått nära sex år sedan du gjorde din placering. Men det kan ändå vara värt att göra ett försök: ta kontakt med den bank som gav dig rådet att satsa hela ditt sparkapital på internetfonder. Massor av människor under den helt hysteriska IT-yran i slutet av 90-talet gjorde tyvärr samma misstag. De satsade på IT-bolag som var skyhögt övervärderade. Ytterst få verkade inse att bubblan någon gång måste spricka. Det är viktigt att förstå att börsen alltid är en riskmarknad. Ett generellt råd är att aldrig lägga pengar man behöver som bastrygghet i spekulativa placeringar.

Gör så här om du anser att du blivit orätt behandlad och fått dåliga råd av din bank eller finansielle rådgivare:

Vänd dig utan fördröjning till din bank. I första hand för att få rättelse av din rådgivare. I andra hand skriv och återge händelseförloppet till den person som är bankens eller finansinstitutets klagomålsansvarige.

Om du inte får rättelse: Vänd dig till ARN, Allmänna Reklamationsnämnden, som gör en utredning och som sedan kan besluta att driva din sak. ARN:s beslut är visserligen bara en rekommendation, men seriösa företag brukar följa ARN:s beslut.

För att underlätta en prövning av ditt ärende är det bra om du sparat affärsdokumentationen som t.ex. avräkningsnotor, kontoutdrag, depåredovisningar och din egen dokumentation.

I de flesta hemförsäkringar finns rättsskydd som gäller i en del tvister inför domstol. Rättsskyddet brukar inte täcka hela kostnaden för rättegången. Kontakta ditt försäkringsbolag.

Allmänna reklamationsnämnden

Om ditt klagomål inom banken inte resulterat i en för dig tillfredsställande rättelse kan du, om beloppet som klagomålet handlar om överstiger 2 000 kronor, vända dig till bankavdelningen vid Allmänna reklamationsnämnden. De lämnar rekommendationer om hur tvister bör lösas. Sådana rekommendationer är inte bindande, men följs så gott som alltid. Tvistlösningen är kostnadsfri. ▶

Anmälan till ARN måste göras inom sex månader från det att banken/företaget helt eller delvis avvisat dina anspråk. Observera att förfarandet vid nämnden är skriftligt. Nämnden kan därför inte personligen höra parterna. Nämnden prövar tvisten på de uppgifter som parterna presenterar och gör alltså ingen egen utredning.

Anmälningsblanketter till ARN och mer information hittar du på ARN:s webbplats arn.se.

KÄLLA: ARN

Börskraschen ledde till stärkt konsumentskydd

Lagen om finansiell rådgivning skärptes i juli 2004. Den går i korta drag ut på att finansrådgivaren måste ta hänsyn till och anpassa sin rådgivning till kundens kunskap och riskbild. Alla överenskommelser och all information mellan kund och rådgivare ska dokumenteras.

Samtliga placeringsrådgivare måste vara licensierade och genomgå en gedigen utbildning – även i etik och moral – för att få ge placeringsråd.

Dessutom gäller nu ytterligare en lag för dem som ägnar sig åt försäkringsförmedling inom bank och försäkring till konsument. Även dessa rådgivare ska vara certifierade.

Men glöm inte ditt eget ansvar. Det är dina pengar och dina beslut som avgör vilka affärer du vill gå in i. Håll också regelbunden kontakt med din bank eller finansiella rådgivare. Gå som exempel igenom dina placeringar och besparingar två gånger per år med den du anförtrott uppdraget.

Tro inte att du kan få allt gratis och på supervillkor i all evighet. Självklart finns det en deadline någonstans. Lockbete är precis vad det handlar om: att fånga in dig som kund.

Glöm inte ditt värde.

Placeringsstrategi – en trollkonst

Det skulle faktiskt behövas ett trollspö för att hitta rätt sparform, rätt fonder, rätt ränta, rätt bank, rätt pensionssparande, rätt försäkringar, rätt avtal, rätt kredittänk, rätt jobb, rätt lön och rätt samlevnadsform.

Vem har detta trollspö?

Hur ska jag ensam kunna leta mig fram i detta kokande hav av svåranalyserade sparprodukter och valmöjligheter och onödiga fällor?

Svaret är enkelt.

Det är svårt. Massor av människor sitter där med sina frågor vid köksbordet och vet inte hur de ska gripa sig an uppgiften.

Vad vet man? Ja, hur vet jag, med en vanlig privatekonomi, vad som egentligen är det bästa valet för just mig? Hur vet jag vad som är bäst för mig om jag ska spara långsiktigt? En fond med hög avgift och som kanske, men inte säkert, utlovar högre realavkastning? Eller en fond utan avgift och som följer index?

Ibland sägs kapitalförsäkringar vara bra val.

Ibland en aktieindexobligation.

Ibland en hedgefond.

Ibland en generationsfond.

Ibland en räntefond.

Ibland en Kinafond.

Kan jag inte lita på någon över huvudtaget?

Jo då. Så illa är det inte. Men man ska vara försiktig och frågvis och inte minst viktigt: prismedveten. Börja med att fråga din egen bank och sedan jämföra förslagen och avgifter och räntor och olika lösningar hos konkurrerande banker. Gör det inte bara hos de traditionella bankerna utan även hos nisch- och nätbankerna. Där kan du hitta låga avgifter, låga courtage och bra räntor.

Om det passar din ekonomi och privata livssituation kan du plocka russinen ur kakan. Bästa lån här, bästa inlåningsränta där. Bästa pensionslösning eller aktiedepå på ett tredje ställe.

Men någonstans måste du börja. En bra start är att gå till din bank och söka råd hos det som ofta kallas din personliga bankman. Han eller hon ska känna till din och helst din familjs hela ekonomiska situation. Rådgivaren ska fungera som navet i din privatekonomi. Minst en gång om året ska du kallas till ett rådgivningsmöte.

Ett rådgivningsmöte ska innehålla fyra ben:

1. Spara och placera.
2. Försäkra (skadeförsäkring, pension m.m.).
3. Finansiera, kartläggning av nuvarande lån och krediter samt framtida behov.
4. Vardagstjänster, internet och telefon, VISA-kort, konton m.m.

Helt enkelt en årlig hälsokontroll på ekonomin.

Observera en viktig sak: Din personliga bankman ska vara licensierad av Swedsec. Detta är ett viktigt kvalitetsmått på att din bankman besitter den kompetens som du ska kunna förvänta dig.

Håll sedan regelbunden kontakt med din bank eller finansiella rådgivare. Gå helst igenom dina affärer två gånger om året med den du anförtrott uppdraget. Ett bra sätt är att vid första mötet tala om vad du förväntar dig, hur ofta ni ska träffas personligen och vem som ska ringa upp och boka mötet. Det är lätt att tiden går och helt plötsligt var det lång tid sedan sist. Tänk på att informera om vad du har för sparande i andra banker, annars kommer rådgivningen bara att omfatta de förbindelser du har på just den bank du besöker.

Så länge du anser att du får en bra service och bra råd är ju allt frid och fröjd. Men skulle du känna att det inte känns riktigt bra kan du alltid boka in dig hos en konkurrent för att sondera vad de har att erbjuda.

Beskriv då i stora drag vad du fått för villkor och erbjudanden i den första banken. Informera också om vad du tänkt göra för investeringar och be om ett alternativ från den banken, som en slags ”second opinion” som det ju heter i andra sammanhang.

Byt rådgivare om du inte är nöjd.

Så förhandlar du med bankerna

Först och främst: Inse ditt värde. Bankkunder är attraktiva.

Bestäm dig för en strategi. Är du beredd att byta bank om din bank inte ställer upp med bättre villkor? Då bör du veta vilken annan bank du kan och vill gå till. Eller om du vill ha dina olika affärer i många olika banker eller finansinstitut.

Förbered dig väl. Ta först själv reda på vilka räntor och villkor du kan få hos olika banker och finansinstitut.

Gör upp en lista på alla dina olika bankförbindelser – lån, kontokort, lönekonto, sparkonto, försäkringar, pensionssparande och så vidare – och gör klart för dig själv vad de kostar dig i avgifter och räntor inför din förhandling.

Beställ tid med en bankrådgivare och sätt dig ner och fråga vad de har att erbjuda dig och till vilka villkor. Ställ frågor: "Jag funderar på att byta bank. Vad har ni att erbjuda mig?"

Tänk på att ju mer du samlar på en bank, desto bättre villkor bör du kunna få, precis som i andra affärer. Ju mer du handlar, desto mer rabatt vill du ha. Banker gillar "helkunder", det vill säga kunder som har alla sina affärer i samma bank, bättre än kunder som bara vill plocka russinen ur kakan. Det utgör ett bra argument när du vill förhandla till dig bättre villkor om du är helkund hos banken.

Vet du vad du vill och banken märker att du "kan din läxa" och vet vad konkurrenterna kan erbjuda, då har du bättre förhandlingsläge och kan vara tuff. Men spela inte med falska kort. Det är bäst att vara rak och ärlig.

Acceptera inte första förslaget från banken, som troligen blir de officiella rörliga eller bundna räntorna. Fråga vad de kan erbjuda just dig för ränta utöver den officiella rörliga räntan. Om du då får en rabatt på låt säga 0,2 procentenheter kan du säga att du väntar dig ett bättre erbjudande och därför överväger att flytta lånet. Har du ett bundet lån blir det genast knepigare och möjligen även ett dyrköpt byte.

Avbryt förhandlingen om du inte är nöjd och be att få återkomma när du tänkt på saken. Gå därefter till nästa bank och förhandla om ett förhoppningsvis bättre ränteläge och andra villkor, förutsatt att du verkligen vill byta bank Gör sedan om samma procedur. Tala om att du i bank X erbjöds de och de villkoren och undra sedan vad banken Y har att erbjuda inom samma område.

Så här kan man också göra:

Ha lönekontot där du får högsta räntan.

Ha huslånet där du får den lägsta räntan och bästa villkoren. Kolla om du har eller kan teckna ett låneskydd, en försäkring vid dödsfall. Ett skydd för arbetslöshet och sjukdom kan ofta tecknas som komplement och detta skydd kan vara guld värt.

Ha aktiedepån i till exempel en nätbank. De har ofta låga avgifter och jämfört med de traditionella bankerna även lågt courtage (avgifter för aktie och fondaffärer). Vissa lockbeten i nätbankerna – läs sparprodukter som kapitalförsäkringar och indexfonder – har inga avgifter alls.

Kolla alltid priset. När det står att det är gratis så "lurar" ändå en avgift någonstans. Att ha allt gratis kan inget företag eller bank leva på. Betala får man göra i någon ände. En strategi kan vara att hoppa från tuva till tuva och plocka ut godbitarna. Och du tjänar på att själv sätta dig in vad olika banker har att erbjuda. Kom ihåg att det inte finns några genvägar – om du inte är beredd att betala för hjälpen förstås.

Glöm inte ditt eget ansvar. Det är dina pengar och dina beslut som avgör vilka affärer du vill gå in i.

Udda lån

Alla låntagare är inte lika räntefixerade. Frågan nedan kom till *Sydsvenskan* och Dina Frågor/Våra råd i juli 2008.

? **Skulle ni vilja ta en titt på JAK-Banken. Jag har inte förstått vad det går ut på. Hur jag än räknar så är det en förlustaffär för mig men vinst för JAK. Det har jag påpekat till dem och de svarar då att det inte är meningen att jag ska tjäna på att låna pengar!**

Så vad är meningen då? Att de ska tjäna på att jag är kund hos dem? Jag känner mig som en dummerjöns när jag resonerar med dem.

Fabian

– Ja, du. JAK är en bank som tänker lite annorlunda. JAK är en medlemsbank som lånar ut räntefritt. Men inte utan avgifter. Det tillkommer nämligen avgifter som gör att kostnaden blir ca 2,3 – 2,4 % för ett lån. Det finns också krav på en motprestation, annars skulle ju banken snabbt tömmas på kapital. Samtidigt som du lånar måste du nämligen spara. Vitsen är att man solidariskt ställer upp för varandra.

Principen att låna ut räntefritt är att andra lånar in räntefritt. Månadsbetalningen blir därmed stor. Men medlemsbanken resonerar som så att eftersom det är en sparandedel så är det pengar som du har kvar och som på så sätt bygger upp din ekonomi.

JAK har olika modeller för vad det kostar och hur utfallet blir. Du behöver inte ha sparat innan du blir medlem.

JAK Medlemsbank är en kooperativ bank, det vill säga en ekonomisk förening som är partipolitiskt och religiöst obunden. JAK Medlemsbank har banktillstånd. Föreningens ändamål är att sprida kännedom om räntans skadeverkningar på samhället och att främja ekonomiskt samarbete för genomförandet av räntefri finansiering. Det finns nackdelar. Läs det finstilta. Med ett lån binds du till banken under många år.

Kapitel 6

Rådgivare och avgifter

Svensken förlorar miljoner

Budskap till vilsna finanskonsumenter: Morska upp er. Börja förhandla om avgifter. Syna alternativen.

Många sparares dröm är att tjäna lite mer än möjligt på sitt sparande. Säljarnas dröm är att tjäna så mycket som möjligt på ditt sparande. Frågan är vem som vinner mest?

Säljarna vet. Avgifter är gigantiska vinstmaskiner för fondbolag och säljare.

Vid halvårsskiftet 2009 ingick 1 316 fonder i Fondbolagens Förenings statistik över förvaltad fondförmögenhet. Dessa fonder förvaltade vid den tidpunkten en sammanlagd fondförmögenhet på drygt 1 342 miljarder konor. La man i det läget till Sjunde AP-fondens dåvarande Premiesparfond på 69, 2 miljarder kronor får man fram en total fondförmögenhet på drygt 1 400 miljarder kronor att ta ut avgifter på.

Jonas Lindmark, analyschef på morningstar.se, räknar med att förvaltningsavgifterna i snitt är lite högre än 1 % per år och att bruttointäkterna för fondbranschen därmed är mer än 1 % av förvaltad volym per år.

Genom att multiplicera den sammanlagda fondförmögenheten på dryga 1 400 miljarder kronor med avgifter till fondbolag/säljare (drygt 1 % på förvaltat kapital) får man fram den hisnande summan av drygt 14 miljarder kronor i bruttointäkt på våra fondköp. Per år.

Sedan avgår förstås rabatter och kostnader. Men det rör sig i vilket fall om en vinstindustri av gigantiska mått.

Saras tankar om goda råd

”Samhället har system som stöttar när mikrovågsugnen pajar eller skorna behöver reklameras. Vi får hjälp att välja värmepump, elleverantör och försäkringsbolag. Men för mitt livs kanske viktigaste investering finns ingen rådgivning alls.”

Så beskriver min trettioåttaåriga kollega Sara Håkansson sin erfarenhet av villrådig rådgivning och svårt pensionsval i minnesanteckningar som hon skrev ner på min förfrågan. Hon fortsätter:

”I flera år låg de apelsinfärgade kuverten oöppnade, som lik i garderoben. Jag ville inte kännas vid dem. Jag är ju trots allt både utbildad och småbarnsmor, hur kan jag då vara så oansvarig för min egen framtid?

Men i somras slet jag motvilligt fram dem och konstaterade lakoniskt att satsningen på it- och telekomfonder för åtta år sedan hade varit precis så olycklig som jag väntat mig.

Frågan var bara vad jag skulle göra nu? Jag surfade och surfade, ringde och ringde. Pratade med vänner och bekanta.

Men nej, jag lyckades inte hitta ett enda ställe som kunde ge mig opartisk rådgivning. Banken ville naturligtvis gärna förvalta de åtråvärda PPM-pengarna, till några hundralappars kostnad om året.

Några telefonsamtal senare visade det sig att den "aktiva förvaltningen" handlade om att byta någon enstaka fond varannan månad. Och tre av fem fonder var placerade i bankens eget fondbolag.

Jag bestämde mig till slut för att byta till en nätmäklare med 900 fonder i utbudet och flyttade mitt privata pensionssparande till samma ställe. Nu slapp jag åtminstone vara förvisad till den gamla traditionella bankens skrala fondutbud, av skiftande kvalitet.

Sedan dess går jag in och tittar till PPM- och pensionsfonderna ett par gånger i månaden, hoppar från tuva till tuva och hoppas på tur. Hittills har det gått över förväntan, de röda siffrorna har äntligen blivit gröna i det apelsinfärgade kuvertet. Och den här gången hamnar det inte i garderoben.

Nyligen såg jag att nätmäklaren har börjat med kostnadsfria fondportföljer för den som inte vill göra arbetet själv. Och det börjar dyka upp små privata aktörer som erbjuder PPM-förvaltning till låga kostnader.

Gott så, även om de goda råden från opartiskt håll fortfarande lyser med sin frånvaro.

För tänk om någon hade kunnat hjälpa mig att förvalta de här pengarna redan för åtta år sedan? Då hade nog både jag och bankkontot mått betydligt bättre i dag", avslutar Sara sin beskrivning av en verklighet som nog många kan känna igen sig i.

AMF-rapport om stigande fondavgifter

Avgifterna fortsätter stiga på aktie- och blandfonder. Så lyder rubriken på AMF-rapporten *Fondmarknaden 2008*. Av den framgår att ju mer bolagen kan tjäna på växande volymer, desto högre sätter de avgifterna. Det borde vara tvärtom. Med större volymer borde avgiften vara lägre, om konkurrensen hade fungerat som den ska.

AMF Fonder, som under fyra års tid lät Moneymate ta fram uppgifter om hur avgifterna för olika typer av Sverigeregistrerade fonder utvecklats på den svenska fondmarknaden, avslöjar att:

- Avgifterna fortsätter att stiga på aktie- och blandfonder.
- Avgifterna för räntefonder har sjunkit.
- Nystartade fonder tar i genomsnitt ut högre avgifter än de befintliga på marknaden. Detta gäller för såväl aktie-, bland- som räntefonder.

Rapporten visar vidare att:

- Lågprisaktörer tar marknadsandelar, men att det framförallt är nya fonder med högre avgifter som marknadsförs på marknaden.
- Köp- och säljavgifter har blivit ovanligare men resultatbaserade avgifter har tillkommit.

Man konstaterar också att:

- Eftersom fondbolagens kostnader för kapitalförvaltning och administration av en fond till största delen är fasta, leder en volymtillväxt till stora skalfördelar. Dessa fördelar har inte kommit andelsägarna till del under perioden.
- Aktiefonderna är den största kategorin och här är trenden med stigande avgifter tydligast.
- Den genomsnittliga avgiften på aktiefonder ökade till 1,42 % vid halvårsskiftet 2008, från 1,39 % motsvarande tid 2007, 1,36 % 2006 och 1,32 % 2005.
- För aktiefonder spänner avgifterna från 0 % för den billigaste indexfonden till 3 % för de dyraste aktivt förvaltade fonderna.

- Blandfondernas avgifter har stigit till 1,05 % i år från 1,00 % 2007, samma nivå 2006 och 0,95 % 2005.
- För blandfonder spänner avgifterna från 0,12 – 2,50 %. Medelavgiften låg 2008 på 1.05 %.
- Inom kategorin blandfonder har det under senare år utvecklats fonder med mer "rådgivning" inbakad i fonden. Avgifterna för blandfonder som fond-i-fonder och generationsfonder har därför ofta varit högre.
- Bilden för räntefonder skiljer sig från aktiefonderna. Den genomsnittliga avgiften på räntefonder minskade till 0,56 % vid halvårsskiftet 2008, från 0,58 % motsvarande tid 2007, 0,59 % 2006 och 0,58 % 2005.
- Troligtvis är priskonkurrensen hårdare bland räntefonder än bland aktiefonder. Avkastningen skiljer sig inte så mycket åt mellan fonderna före avgifter. I takt med att räntenivåerna blivit lägre så har avgifternas betydelse framstått tydligare bland räntefonder än för aktiefonder.

Den citerade rapporten heter Fondmarknaden 2008: Avgifterna fortsätter att stiga. En studie genomförd av AMF-Fonder AB.

Avgifter slukar kapital även inom PPM

Även PPM-fonder kan bli en kapitalslukare om man väljer fel. Dyra fonder kan sluka så mycket som 30 % av ditt PPM-kapital i avgifter.

Varningen kom ursprungligen från statliga Premiepensionsmyndigheten, denna myndighet uppgav 2008 att en fond inom PPM-sparandet som kostar 1,5 % i avgift, reducerar pensionskapitalet på ett långsiktigt sparande med 30 %.

Effekten blir så hög eftersom avgiften tas ut varje år på hela kapitalet.

Det är ganska enkelt att räkna ut att 1 % om året blir stora summor i slutänden. I synnerhet om fonderna har några dåliga år med fallande värde.

Rådet är att alltid välja en fond med låg avgift i valet mellan två likvärdiga fonder.

Lockas du dessutom att betala en PPM-rådgivare eller PPM-förvaltare att hjälpa dig att välja PPM-fonder, då kommer dessa avgifter urholka ditt pensionskapital ytterligare. Man kan tycka att det nästan råder Vilda Västern på fondmarknaden.

Tänk dig för många gånger innan du betalar för en sådan tjänst, råder Konsumenternas bank- och finansbyrå. För att en sådan tjänst ska bli lönsam krävs att bolaget lyckas så mycket bättre med förvaltningen att det efter skatt genererar ett högre pensionskapital än du skulle ha fått utan rådgivningen.

"Det ska till en kraftigt högre avkastning för att det ska löna sig. Avgifterna är väldigt höga", konstaterade Daniel Barr, som var chefekonom på PPM 2008.

Bli din egen rådgivare

Att följa med i fack-, dags- och finanspress är ett bra sätt att skaffa sig kunskap för att framför allt kunna välja bort fonder och tjänster som är för dyrköpta. Man kan även söka kostnadsfri vägledning via specialkunniga och oberoende analytiker. Fondsajten morningstar.se har lång erfarenhet av fondernas utveckling och dagsform.

Och så har vi då den drös av bolag som tar betalt. Sunda förnuftet är bra att lita på. Var skeptisk och kolla hur avgifterna slår och om det egentligen lönar sig att köpa rådgivning, om det inte är bättre att göra "jobbet" själv. Det vill säga läsa på och söka runt efter information som passar just din situation. Priserna för placeringsråd eller förvaltning av exempelvis PPM-fonder varierar kraftigt. De spänner mellan summan 300 kronor om året hos en aktör till cirka 2 000 kronor hos en annan. De flesta avgifter ligger mellan 300 och 600 kronor per år för så kallad förvaltning (2010). I de flesta fall handlar det om att välja mellan ett antal standardiserade portföljer med olika riskprofil: låg, mellan, hög, max eller billig. Att, som en av förvaltarna gör, ta 1,25 % i avgift på PPM-kapitalet är direkt hårresande. Man kan undra vem som tjänar mest på den affären under en 30-årsperiod?

Kolla med den nya Pensionsmyndigheten vilka förvaltare som fått ok att ansluta sig till PPM-systemet för att få bedriva fondförvaltning.

Rådgivarna, däremot, har myndigheten inget med att göra så länge de inte kräver att kunden ska lämna ifrån sig sin PPM-pinkod.

Ställ dig dessa frågor innan du betalar för råd om vilka fonder du ska välja. Glöm inte att fonden också har en avgift som ska betalas – varje år – på hela ditt växande pensionskapital.

- Behöver jag köpa den här tjänsten?
- Vad vinner jag på det egentligen?
- Vill jag betala för dessa råd eller tjänster med avkastningen på mitt pensionskapital eller mitt långsiktiga sparande?
- Hur mycket äter avgifterna upp av min årliga avkastning på kapitalet? Eller rent av naggar på mitt insatta kapital om fonderna faller i värde?
- Kan jag själv hitta motsvarande information, råd och vägledning och göra jobbet själv, utan ett öre i kostnad, och därmed behålla den årliga avkastningen i egen ficka?

Stora rådgivare för stor plånbok

Om du överväger att anlita en större och fristående försäkringsförmedlare/mäklare utanför internetsfären för ditt sparande, dina försäkringar och pensionsval som helhet, inte bara PPM-fonder, så tänk dig även i det fallet noga för om det är värt pengarna. En sådan förbindelse kan kosta dig stora procentsatser av kapital och avkastning.

Vad gör man då? Jo, man ringer och frågar vad olika aktörer kan åstadkomma för mig och min ekonomi och till vilket pris. Fråga också vilka provisioner de får genom att anvisa/sälja vissa sparprodukter. Man bör lägga på minnet vad *Privata Affärer* skrev i mars 2009 under rubriken ”Stora brister hos försäkringsförmedlare”. Huvudkritiken går ut på att det kan bli onödigt dyrt att låta rådgivaren öppna en depå åt dig. Det kostar i avgifter, till skillnad från om du själv öppnar en depå i din traditionella bank eller hos en nätbank. Räknar man samman en depåavgift på cirka 2,5 % av de pengar som sätts in i depån, en förvaltningsavgift på ytterligare 1 % och rådgivarens provision så kan det bli en ansenlig kostnad.

Dessa avgifter och provisioner staplade på varandra betyder att rådgivaren kan tjäna mellan 6-8 % på de pengar som du sätter in i depån. Det ska alltså till en hög avkastning för att även du ska tjäna på affären.

Varning inifrån

När till och med förvaltare själva varnar för hur illa det kan gå med för klen kunskap om fonder och andra värdepappersplaceringar, ja då kan du ju fatta i vilket underläge du befinner dig.

Jag tillåter mig att komprimera och vidarebefordra ett budskap från en oberoende försäkringsrådgivare:

Samhället flyttar över allt mer ansvar till individen. Genom detta ökas valfriheten och konkurrensen på marknaden. PPM och ITP (Individuell tjänstepension) är exempel på detta inom det privatekonomiska området.

Baksidan är att det kan uppstå betydande samhällsekonomiska och individuella förluster på grund av ren okunskap hos individen."

Råd utan rådgivare

Lägg på minnet: Dyra fonder är inte alltid bättre än billiga. Det enda du själv kan påverka är valet av avgift på de fonder du väljer att spara i. Svälj inte rakt av vad smarta fondsäljare påstår; att höga avgifter är försvarbara och lönar sig på grund av deras rådgivningsfunktion och skickliga förvaltare. Tro dem inte.

Dagens Nyheter gjorde 2009, i det extrema lågränteläget, en avslöjande jämförelse av avgifter och avkastning under en tolvmånadersperiod på ett urval populära, stora och likvärdiga räntefonder.

Kan ni gissa vad de kom fram till?

Jo då, alldeles rätt. Det visade sig att flera av fonderna med lägst avgift hade bäst avkastning. Billigast var en fond med avgiften 0,1 % och som redovisade en avkastning på 5,8 %. Dyrast var en lika känd fond med avgiften 0,8 % och med en avkastning på 3 %. Ja, ni förstår själva. Det gäller att kolla vad man köper.

Varningar för dyra fondavgifter duggar tätt. Inte underligt. Det är först när det går utför på börsen och med ett extremt ränteläge, som var fallet under 2008, som avgifterna för fonderna syns i eldskrift.

Jag vill i sammanhanget lyfta fram några skamlösa avgiftsskillnader.

Siffrorna är framtagna av Din Ekonomi på *Dagens Nyheter* för något år sedan, men de duger fortfarande som principiella exempel på hur fondbolag gör skillnad på folk och folk.

Avgiften för en privat sparare i Länsförsäkringars Fastighetsfond var det året 1,3 %.

Hos de privata tjänstemännens tjänstpensionssystem ITP var avgiften för samma fond 0,78 %.

Hos Moderna Liv & Pension kostade avgiften för samma fond 0,65 %.

Hos PPM kostade den 0,4 %.

Observera att du som privat sparare fick betala den högsta avgiften, nära en procentenhet mer än den billigaste avgiften för samma fond. Maria Crofts, då privatekonomisk redaktör för Din Ekonomi i *Dagens Nyheter*, skrev i sammanhanget en krönika om skillnaderna. Låt mig citera kärnan i hennes budskap:

> **Skulle du handla i en butik där det är dubbelt så dyrt? Nej, jag tänkte väl det!"**

Collectum är valcentral och knutpunkt för ITP – tjänstepensionen för privatanställda tjänstemän. 2008 hade 1,7 miljoner människor tecknat ITP.

Samma år förmedlade Collectum 17,7 miljarder kronor i premier mellan 28 000 företag och ett tjugotal försäkringsbolag. Tjänstepensionen ITP har kommit till genom avtal mellan Svenskt Näringsliv och PTK.

Som gigantisk aktör på pensionsmarknaden har Collectum framgångsrikt förhandlat ner fondavgifterna med 65 % i de fonder som ingår i bolagets ansvarsområde (2008). Hösten 2009 drog Collectum igång en ny omgång förhandlingar för att pruta ner avgifterna ytterligare hos de bolag som vill vara med och tjäna på våra tjänstepensioner inom detta gigantiska system.

Det vore väl ändå märkligt om dessa förmånliga avgifter inte skulle gälla även vanliga fondsparare som lägger pengar i precis samma fonder, men då utanför tjänstepensionssystemet. Självklart är det inte försvarbart med för stora prisskillnader på samma fonder.

Det bör införas rättighet för privatpersoner och enskilda fondkunder att förhandla om fondavgifter, i likhet med rätten att förhandla om räntor och andra avgifter på banken. Svenska bank- och fondkunder måste bli tuffare och börja pruta.

På Konsumenternas Försäkringsbyrås hemsida, konsumenternasforsakringsbyra.se, kan du jämföra hur höga avgifter ditt bolag tar jämfört med andra. Skriv in din ålder och månadsinkomst så får du besked om vad den totala avgiften för tjänstepensionen blir vid 65 års ålder – och vad som blir över till pensionären. Tänk på att väga avgiften mot avkastningen.

Blir du missnöjd? Flytta kapitalet till annat bolag med lägre avgift. Kolla dock hur mycket flytten av pensionskapitalet kostar, det vill säga om det är lönt. Be din bank om hjälp. Det kostar inget. Be din bankrådgivare att via fullmakt av dig, få svar på frågan om din pension går att flytta och i så fall till vilken kostnad. Var inte rädd för att både ta initiativ och ställa krav.

Vår fondvånda – gottebord för profitörer

Advent Software som utvecklar programvaror för kapitalförvaltare lät fråga ett representativt urval av svenskar i åldrarna 14 till 70 år om fonder, fondförvaltning och avgifter på fondförvaltning. Drygt tusen personer deltog i undersökningen. Resultatet kablades ut i november 2008 då finanskrisen rasade som värst. De centrala budskapen var:

- Svenskar förlorar miljontals kronor varje år i onödigt höga fondavgifter.
- Det finns inget samband mellan avgift och avkastning eftersom man betalar samma avgift oavsett om fonden går bra eller dåligt.
- En dyr fond ger inte automatiskt högre avkastning än en fond med lägre avgift.
- En hög avgift kan innebära flera tusentals kronor i minskad avkastning varje år. På trettio års spartid blir det mycket stora summor.

”Att så få känner till vad de betalar i fondavgifter är skrämmande eftersom det finns stora pengar att tjäna på just avgifterna. Avgifterna kan i längden få stor betydelse på avkastningen. Kanske behöver bankerna, där de flesta privatpersoner faktiskt har sitt fondsparande, bli tydligare med vilka avgifter som faktiskt tas ut så att kunderna lättare kan välja. För att det ska vara befogat att betala en hög fondavgift måste fonden ha en mycket god avkastning. Här måste fondspararna bli mer medvetna och byta förvaltare oftare för att öka konkurrensen”, sa Håkan Valberg, Europachef och styrelseordförande för Advent Sverige.

Hur vet jag om den pensionsförvaltare jag en gång valde är bra? Den som sparar i en fond betalar en förvaltningsavgift på en bestämd procentsats. Avgifterna varierar och det är olika avgifter på räntefonder och aktiefonder. En hög avgift kan innebära flera tusentals kronor i minskad avkastning varje år. Det kan inte sägas ofta nog: Svenskar förlorar miljontals kronor varje år i onödigt höga fondavgifter.

En dag i mars 2009 satt jag i ett långt samtal med sakkunniga, både tjänstemän och politiker på Socialdepartementet.

Jag var där för att försöka få svar på frågorna: Hur ser departementet på det uppenbara behovet av individuell pensionsrådgivning åt vanliga konsumenter? Till lågpris eller helst gratis? Hur ska staten göra för att tillgodose den enorma efterfrågan på opartisk rådgivning, för att åtminstone skapa tillstymmelse till kunskapsbalans mellan konsument och säljare/rådgivare på den extremt kommersialiserade pensions-, fond- och finansmarknaden i Sverige?

För kom inte och påstå, var mitt budskap, att en vanlig löntagare och finanskonsument har en chans att – på rimliga villkor – välja rätt bland de tusentals fonder som finns på den svenska finansmarknaden. I detta gigantiska miljardspel är den som kan för lite och fattar sämst torsk. Det är min erfarenhet.

Men jag fick inte medhåll. Budskapet från socialdepartementet var att valet i grunden inte är så svårt. Att man inte måste ha kunskap om hela världen för att göra ett bra fond- och pensionsval. Att det räcker att inrikta sig på två hållpunkter:

Tänk på avgifterna. Tänk på risken. Det behöver inte vara mer komplicerat än så, var budskapet.

En helt motsatt uppfattning har Anders Haskel, som har varit både journalist och bankman och som även suttit med som sakkunnig i Sydsvenskans Placeringspanel, men som numera är fristående finansanalytiker. Han har sett problemet inifrån, från finansmarknadens egen horisont:

Om det fanns en tjänst där man för ett par tusenlappar kunde få oberoende ekonomisk rådgivning – inklusive pensionsråd – skulle jag definitivt rekommendera en sådan rådgivare. De flesta lösningar som finns idag bygger i för hög grad på att rådgivaren får sin intäkt genom att rekommendera produkter som inte är optimala för kunden".

Råd från Finansinspektionen

Vad ska man tänka på när man får råd om sina placeringar?
Förväxla inte information eller marknadsföring med rådgivning. Fråga den tjänsteman du har kontakt med om du får råd eller inte, om du är osäker.

Var noga med att förklara syftet med ditt sparande för rådgivaren. Vill du kunna disponera pengarna om ett par år eller vill du ha ett långsiktigt sparande? Hur är din inställning till risk? Vill du ha en säker placering med kanske lägre avkastning eller eftersträvar du större möjlighet till avkastning och är beredd att förlora pengar?

Fråga vad din rådgivare har för kompetens. Ta reda på om det finns någon begränsning i de råd som han eller hon är behörig att lämna.

Tänk på att dina placeringar kan minska i värde fastän du följer de råd du fått. Finansiella rådgivare kan inte med säkerhet förutsäga värdeutvecklingen för olika placeringar.

Vad har man för rättigheter?
Vid det första rådgivningstillfället ska du alltid få en kopia av all den dokumentation om rådgivningen som rådgivaren är skyldig att göra. Om du har en pågående kundrelation med rådgivaren och får råd även vid senare tillfälle per telefon behöver inte rådgivaren automatiskt lämna ut dokumentation om samtalet spelas in. Men du har alltid möjlighet att på begäran även få ut sådan dokumentation.

Du har rätt enligt lag till skadestånd för den skada som kan uppstå vid vårdslös finansiell rådgivning. Men du måste reklamera rådgivningen inom skälig tid från det att du upptäckt eller borde ha upptäckt skadan. Du kan inte heller kräva skadestånd om mer än tio år har gått från rådgivningstillfället.

Observera att du inte kan begära skadestånd enbart på den grunden att börskursen har gått ned.

Vilka rådgivare omfattas av lagen om finansiell rådgivning?
Alla som ger individuella råd till konsumenter om finansiella ▸

instrument och livförsäkringar omfattas. Det betyder att banker, fondkommissionärer, fondbolag, försäkringsbolag, försäkringsförmedlare med flera måste följa reglerna. Läs även på sid 169.

Får vem som helst ge råd?
Nej, det ställs ett kompetenskrav på rådgivarna. Alla rådgivare som omfattas av reglerna måste exempelvis ha kunskaper om regelverk och etik, placeringar och sparformer samt finansiell ekonomi. De måste också ha genomgått och blivit godkända i ett kunskapstest för att bli Swedsec-licensierade.

Vad ska du göra om du är missnöjd med det råd du fått?
Du ska i första hand vända dig till den person på företaget som normalt svarar för dina affärer, eller dennes chef. I andra hand ska du vända dig till den person på företaget som är så kallad klagomålsansvarig. I sista hand: vänd dig till Allmänna Reklamationsnämnden. Läs mer om ARN på sid 154.

Självständig rådgivningsbyrå

Konsumenternas försäkringsbyrå är en självständig rådgivningsbyrå, med Konsumentverket, Finansinspektionen och Sveriges Försäkringsförbund bakom sig.
Adress: konsumenternasforsakringsbyra.se

Andra sätt att skaffa information är genom böcker eller via nätet där ett flertal olika branschspecifika organisationer ger kostnadsfri rådgivning, till exempel Konsumenternas bank- och finansbyrå.

Försäkringsmäklare kan ge råd oberoende av olika banker och försäkringsbolag. Kostnaden varierar från provisioner, fast pris eller i kombination. Alternativen är emellertid få. Oberoende aktörer finns endast inom enskilda områden som pension eller försäkring och kostar ofta en rejäl slant.

Kapitel 7

Försäkringar

Rätt val sparar tusenlappar

Försäkringar är ett svårt val och skälet till det är välkänt. De är svåra att jämföra, både till innehåll och kostnad. Det kan skilja stora summor mellan den dyraste och billigaste premien – för samma sorts försäkring. Försäkringsbolagen är uppfinningsrika och snabba att nischa in sig med nya produkter. Var sparsmakad. Välj noga. Specialförsäkringar är i regel onödiga och gör köpet för dyrt. Men att avstå från olycks- och livförsäkring? Det kan bli ödesdigert.

Dessutom ska försäkringar nu kosta mer om du har betalningsanmärkningar, är rökare eller för fet … i försäkringsbolagens ögon.

Bästa sättet att undvika besvikelser: Läs det finstilta.

Är det lönt? Har ett annat bolag bättre alternativ? Bra frågor att reda ut innan man betalar en premie. Det går att tjäna många tusenlappar om du tar dig tid att jämföra.

Genom att göra prisjämförelser kan man få upp mot 50 % lägre pris. För ett hushåll med hemförsäkring, bilförsäkring, barnförsäkring och kanske någon ytterligare försäkring, är det inte ovanligt att man kan göra en besparing på runt 5 000 kronor per år.

Visserligen slutade jag röka för mer än fem år sedan men känner ändå djupt obehag över den allt större makt över ditt och mitt privatliv som försäkringsbolagen tillskansar sig.

I månadsskiftet maj/juni 2009 släppte Skandia ”bomben”. På DN-debatt avslöjade försäkringsbolaget att rökare nu ska få betala mellan 25 och 50 % högre premier, med motiveringen att bolaget härmed bidrar till att få folk att sluta röka. Inte för att bolaget ville tjäna mer pengar. Påstod man.

Att åka hem till människor och kontrollera och lukta sig runt i hemmet för att utröna om försäkringstagaren ljugit i sin hälsodeklaration? Nej, så lång ska bolaget inte sträcka sig, lovade man i en radiointervju. Men sura grannar då? Kan man lita på att de inte anger en smygrökare? Och kan man lita på att Skandia i så fall inte bryr sig?

”Avsikten är inte att tjäna pengar på initiativet. De ökade intäkterna ska användas för att premiera icke-rökarna som på sikt får sänkta premier”, skrev Skandia i sitt pressmeddelande.

Höjd premie gäller om man röker varje dag och det spelar ingen roll om man röker en eller tjugo cigaretter om dagen. Tillägget infördes på nya försäkringar från den 1 juni 2009 och omfattar sjukförsäkring, olycksfallsförsäkring, livförsäkring, premiebefrielseförsäkring och privatvårdsförsäkring.

Andra försäkringsbolag var inte sena att haka på. De nya högre premierna gör försäkringen flera hundra kronor dyrare per år. Högre premier för överviktiga har funnits i många år, eftersom försäkringsbolag sedan länge bedömer fetma som en riskfaktor.

Det gör även skillnad var du bor. Försäkringsförmedlaren Insplanet gjorde för något år sedan en serie lokala prisjämförelser på mindre och större orter runtom i Sverige. Resultaten visade att den ökade konkurrensen har lett till en allt större prisspridning och att det knappt finns en enda försäkring där det inte skiljer minst ett par tusenlappar mellan billigast och dyrast.

Att vissa försäkringar är svåra att bedöma, om ens nödvändiga, vet de flesta utan stöd av utredningar.

Nobba prylförsäkring över disk

Själv är jag numera en svårfångad kund när det gäller okynnesförsäkringar i butik för enskilda prylar. Vid varje butiksdisk där jag erbjuds köpa en extra försäkring för "bara" ytterligare sådär femtio kronor säger jag ståndaktig nej tack.

För både den som står bakom disken och jag som kund vet att det är butiken som tjänar mest på att sälja extraförsäkring. Enbart provisionen kan ligga runt 30 % till en hemelektroniksäljare för varje "hemtagen" försäkring

Specialförsäkringar har snabbt blivit ett otyg. En fackmannauppskattning är att det säljs ungefär två miljoner enskilda sådana försäkringar över affärsdisk varje år. Hos teknikkedjorna kan du försäkra varje pryl för sig.

Elektronikhandelns extraförsäkringar har fått ett så stort genomslag att prisuppgifterna nu ska finnas med i Konsumenternas försäkringsbyrås jämförelsematerial på internet.

Den som betalar extraförsäkringar för teven, dvd-spelaren, diskmaskinen och kanske någon mer teknikpryl, får räkna med årskostnader på flera tusen kronor. Vanligast är specialförsäkringar för hemelektronik. Många av dessa kan man definitivt vara utan.

Riktigt dyrbara produkter kan man däremot fundera över om de kanske behöver en extra försäkring. Det finns beloppsbegränsningar i de vanliga hem- och allriskförsäkringarna för enskilda objekt.

Försäkringar fungerar bäst när det gäller stora skador. Det är ett av flera argument som talar mot att teckna en otursförsäkring. Eller säg drulleförsäkring, förresten. Så heter det i folkmun. Denna försäkring ska skydda vid plötsliga skador. Men tänk dig för. Det är inte säkert att du behöver teckna den här sortens försäkring som faktiskt är dyr. Drulletillägget kan kosta betydligt mer än det smakar. I ett mindre hem innebär det ofta upp till 50 % högre försäkringskostnader. Det går att klara sig utan.

Undantaget är förstås småbarnsfamiljer där allt kan hända och saker gå sönder i en blixtsnabb rörelse. De som har klantiga ungdomar i hemmet kan nog också ha glädje av den. Kolla också om husdjuren ingår i drulleförsäkringen. Det är nämligen inte alls säkert att så är fallet.

Traditionell varugaranti samt konsumentskyddslagen finns att ta till vid behov

Går en vara sönder har du enligt konsumentköplagen rätt att klaga upp till tre år efter köpet. Men det måste du göra senast inom två månader efter det att du har märkt felet. Är det inte ditt eget fel att en produkt slutar fungera ger lagen dig ett skydd de första tre åren. Varan ska repareras gratis om felet fanns från början.

KÄLLA: KONSUMENTVERKET / SYDSVENSKAN

Försäkra rätt

Michael Møller, ekonomiprofessor vid Copenhagen Business School, bedömer att det är en dålig affär att försäkra sig mot småskador. Han hävdar att en sådan försäkring i det långa loppet är en förlustaffär. Receptet är att spara till en buffert på cirka tjugotusen kronor för oförutsedda utgifter.

Han varnar istället för att för få människor satsar på grundläggande försäkringar som hemförsäkring och invaliditetsskydd. Där tycker han att vi närmast är underförsäkrade.

"Unga människor som inte börjat jobba har gärna sina bärbara elprodukter försäkrade, men däremot inte sig själva och sin kropp, trots att den är det viktigaste de har", har han sagt i en intervju i *Sydsvenskan*.

Att folk i allmänhet är alltför lättfångade byten för försäkringsbolagen har inte undgått oberoende Konsumenternas försäkringsbyrå.

Ett TT-telegram 2009 formulerar problemet:

> "Var tredje svensk har dålig eller ingen koll på sina försäkringar och vad de täcker. En undersökning som Gallup gjort på uppdrag av försäkringsbolaget If visar att bara drygt hälften, 54 %, av alla svenskar läser igenom villkoren när de tecknar en försäkring. En av tre tycker att de har dålig eller ingen koll på sina försäkringar. De vanligaste effekterna av det här är att man inte utnyttjar sina försäkringar eller att man tecknar onödiga försäkringar, till exempel för resor eller apparater som hemförsäkringen täcker. Sen kan det hända att man struntar i att försäkra sig överhuvudtaget och det är oerhört allvarligt", säger Gunnar Olsson, chef för Konsumenternas försäkringsbyrå, till TT.

Barnförsäkring är ett skydd som du absolut bör ha. Teckna den så tidigt som möjligt i barnets liv och titta mycket noga på villkoren. De skiftar och det kan vara ytterst förrädiskt om du tecknar för sent eller byter försäkringsbolag för att du tror att du har hittat ett bättre och billigare.

Farligt. Väldigt viktiga ingredienser och sjukdomsskydd kan nämligen falla bort vid ett bolagsbyte.

Ett bra alternativ är att teckna en så kallad riskförsäkring för barnet. Och teckna den snabbast möjligt. Den minsta lilla oskyldiga diagnos gör att försäkringsbolagen drar öronen åt sig. Då kan det bli väldigt dyrt och dessutom med många undantag och förbehåll.

En riskförsäkring omfattar allt från ren livförsäkring, där pengarna går till de efterlevande så att de kan klara lån och försörjningsbördan i stort, till olycksfalls- och sjukförsäkring.

”Bilar får inte köra på gatan utan försäkring. Men barn! De släpps ut på samma gata utan försäkring. Varför inser man inte i större utsträckning att även de små behöver ett ordentligt försäkringsskydd? Bilen först alla gånger. Är det verkligen helt vettigt?” frågar sig bankdirektören Carin Pärnamets med mångårigt ansvar för privatrådgivning inom Danske Bank i Malmö.

Gör samma sak med barn som med bilen. Teckna en riskförsäkring genast och teckna för en lång period. Innan ridolyckan eller cykelolyckan, eller innan fallet ner från trädets topp är ett tragiskt faktum. Det kan ge trygghet resten av livet så att ditt barn inte hamnar i den förtvivlade fällan att ha skadats för livet och därmed inte har en chans att komma in i arbetslivet och tjäna egna pengar. Det är då sjuk- och olycksfallsförsäkringen verkligen behövs. Den tryggar barnets inkomst för resten av livet och gör att man som vuxen slipper vara utlämnad åt att leva på enbart en ynka sjukpension resten av livet.

När det gäller barnförsäkringar är det viktigaste att teckna sjuk- och olycksfallsförsäkring med invaliditetsersättning, samt vård- och sjukersättning. Det är sådant som kan bli väldigt dyrt för en familj att klara av utan försäkring.

Håll koll på livet efter döden - livförsäkring

Ett plötsligt dödsfall i familjen kan bli förödande för ekonomin. De flesta behöver en kompletterande livförsäkring utöver det skydd som finns via samhället eller anställningen. Och det är mycket viktigt att man skaffar sig en livförsäkring medan man är fullt frisk. Minsta krämpa gör försäkringen dyrare eller betydligt svårare att få.

För den som är sambo, och särskilt om det finns särkullbarn i familjen, är det extra viktigt med en livförsäkring. Denna ska/bör kompletteras med ett efterlevandeskydd i tjänstegrupplivförsäkringen. Sambor omfattas nämligen inte av efterlevandeskyddet i en del försäkringssystem, och även om så är fallet måste man ofta skriva särskilda förmånstagarförordnanden för att ersättningen ska betalas ut.

Även egenföretagare lever farligt. Som sådan måste du själv ordna ditt försäkringsskydd och pensionssparande.

Farligt läge är det även för anställda som arbetar i företag som saknar kollektivavtal. I sådana företag är det inte självklart att arbetsgivaren betalar in till de anställdas tjänstepensioner. Undersök hur det är på din arbetsplats.

Se upp om du håller på med någon riskfylld sport. Många livförsäkringar gäller till exempel inte för bergsklättring, dykning, kampsporter och så kallade extrema sporter.

Många saknar en livförsäkring som gäller efter att man har fyllt 65. Se till att i god tid teckna en försäkring som gäller även som pensionär.

Inkomstförsäkring

En inkomstförsäkring fyller på så att en arbetslös får ut 80 % av hela lönen.

De flesta som blir arbetslösa har rätt till ersättning från a-kassa. Men många är inte medvetna om att lönetaket numera ligger på 18 700 kronor (2009). Den som blir arbetslös får ut maximalt 80 % av denna summa, vilket blir 14 500 kronor, eller 10 400 kronor efter skatt. Det kan alltså handla om många tusenlappar varje månad.

Inkomstförsäkringen kan ses som en fallskärm för vanligt folk. På senare år har många arbetstagare fått detta extraskydd via sitt fack. De flesta förbund har bakat in premien i medlemsavgiften.

Bolåneförsäkring

Man kan teckna en konkret bolåneförsäkring som gör att man säkrar att familjen kan betala sina bolån, även om man skulle råka bli arbetslös. En sådan försäkring brukar gälla mellan åtta och tolv månader, beroende på vilken bank man anlitar

Bilförsäkring

Bilförsäkring är fortfarande försäkringstypen med de i särklass största skillnaderna i pris. Genom en snabb jämförelse kan du ofta spara hundratals eller tusentals kronor per år – och ändå behålla ett lika gott försäkringsskydd.

Olika försäkringsbolag har olika namn på liknande skydd. Du kan hos de flesta bolag bara byta försäkring en gång per år. Se upp med "prova-på-försäkring". Många bilhandlare erbjuder en rabatterad försäkring i tre eller sex månader för att locka dig att köpa bilen. Du har rätt att byta till valfritt försäkringsbolag när prova-på-försäkringen löper ut.

Konsumenternas försäkringsbyrå svarar

Dessa frågor ställde jag till informationschefen Camilla Bratt på oberoende Konsumenternas Försäkringsbyrå.

Vilka försäkringar måste vi absolut ha?

Hemförsäkring bör alla omfattas av. Den är mycket mer än bara skydd för dina saker. Innehåller även ansvarsförsäkring, reseskydd, överfallsskydd.

Barnförsäkring – just för att samhällets skydd vid arbetsoförmåga är svagt för den som aldrig hunnit ut i förvärvslivet.

Vilka försäkringar är bra att ha?

Om du bor i villa eller bostadsrätt ska du absolut ha villaförsäkring eller bostadsrättstillägg till din hemförsäkring.

Att ha bil utan trafikförsäkring blir väldigt dyrt.

Du ska alltid ha en reseförsäkring om du är utomlands – speciellt om du befinner dig utanför EU. Hemförsäkringens reseskydd gäller bara fyrtiofem dagar. Varje dag du är oförsäkrad utomlands innebär en stor ekonomisk risk. Ambulansflyg från Asien kan kosta 1 miljon kronor, intensivvård i USA kostar 40 000 kronor per dag. Den som är oförsäkrad får stå för hela kostnaden själv. Trots att du som EU-medborgare har rätt till akut sjukvård bör du ändå ha en reseförsäkring om du exempelvis skulle behöva sjuktransport hem.

Vilka försäkringar bör vi ha vid särskilda behov?

Jag får ofta frågan om ett gift par ska ha livförsäkringar på varandra. Många tecknar en lika stor på båda parter, trots att den ena kanske har en inkomst som är väsentligt större än den andre. Tänk er in i situationen: kanske den ena skulle klara ekonomin även utan den andres inkomst, medan den andre inte skulle klara den även om till exempel hälften av lånen skulle kunna amorteras av vid ett dödsfall.

Vad händer om man blir långtidssjuk? Skulle jag då klara min ekonomi på sjukersättning? Skulle jag klara av den karens som finns i min sjukförsäkring om jag har en sådan.

Vilka försäkringar finns inbyggda i våra konto- och kreditkort?

I vissa bankkort ingår allriskförsäkring eller förlängd garanti, plus att det ofta ingår ett reseskydd, som innehåller ett avbeställningsskydd och ofta ersättning för medicinsk invaliditet vid större skador. I allmänhet är det inte en komplett reseförsäkring, men det förekommer.

Så här skriver vi på vår hemsida:

Den reseförsäkring som du får när du betalar din resa med bank-, betal- eller kreditkort (t.ex. Visa, Mastercard och Eurocard) kompletterar hemförsäkringens reseskydd. I kortförsäkringen ingår ofta:

1. avbeställningsskydd
2. ersättning för bagageförsening
3. ersättning om allmänt färdmedel, t.ex. flyg, försenas
4. invaliditetsersättning vid mycket svåra olycksfallsskador
5. dödsfallsersättning om man dör till följd av olycksfall
6. självriskersättningar

Tänk på att dessa försäkringar bara är ett komplement till hemförsäkringens reseskydd då de bl.a. saknar ersättning för exempelvis vårdkostnader och hemtransport vid sjukdom och olycksfall.

Kort som American Express och Diners Club har dock mer heltäckande produkter. Här kan du klara dig helt på kortets försäkring. Men läs först villkoren.

Rätt försäkring i rätt tid

Joakim Jidemo är försäkringsspecialist på Nordea. Han fick frågan vilka försäkringar man bör ha vid i olika skeden i livet.

a) Barnfamilj

Av egen självupplevd erfarenhet som förälder ska man lägga pengar på *barnförsäkring* (sjuk- och olycksfall) först och främst. Välj ingen billig gruppförsäkring då dessa ofta inte är lika kompletta som de man tecknar utanför gruppavtalen.

De försäkringar som barnen har genom kommunen är ofta tämligen klena och gäller oftast endast under skoltid, även om kommunen säger att barnen är försäkrade. Teckna egna försäkringar ändå. Barnförsäkringarna ska man teckna så fort det bara är möjligt. På så vis undviker man undantag i försäkringen. Välj högsta tänkbara omfattning. Säkerställ att det är en bra dygnsersättning som utbetalas vid eventuell sjukhusvistelse.

Den andra försäkringen som jag tycker är viktig är *livförsäkringen*. Har man familj och hus med lån bör man se till att försäkra sig om att det utbetalas en stor summa pengar vid ett eventuellt dödsfall.

Säkerställ att lånen kan lösas och lägg gärna till lite så att man klarar löpande kostnader under några månader. Jag brukar ge som råd till de som köper hus eller överhuvudtaget tar större lån att de ska räkna in kostnaden för försäkringen i lånekalkylen.

Jag förordar en separat livförsäkring framför de olika låneskydden som finns, av den anledningen att en livförsäkring utbetalas till förmånstagaren och förmånstagaren kan då själv välja vilka lån som ska lösas.

Livförsäkringen slutar heller inte gälla när lånen är lösta exempelvis vid en bostadsförsäljning. Man kan också som komplement teckna ett efterlevandeskydd, det vill säga en försäkring som ger ett månatligt utfallande belopp till de efterlevande.

Utöver detta bör man själv se till att ha en bra *olycksfallsförsäkring*.

Pensionssparande i någon form, gärna i *pensionsförsäkring* om man tjänar över brytpunkten för statlig skatt.

b) Medelålders med utflugna barn

Livförsäkring av samma anledning som ovan. Här kan det också i de fall där det finns särkullbarn vara aktuellt med ett extra livförsäkringsskydd för att kunna lösa ut särkullbarn vid ett dödsfall.

Utöver detta bör man ha en bra *olycksfallsförsäkring*.

För att undvika vårdköer kan det också vara intressant med en *sjukvårdsförsäkring*. Denna ger tillträde till privatsjukhus och privata vårdgivare.

Pensionssparande i någon form, gärna i *pensionsförsäkring* om man tjänar över brytpunkten för statlig skatt.

c) Ensamstående

Olycksfallsförsäkring.

Pensionssparande i *kapitalförsäkring* eller *IPS pensionssparande*, dock ej "vanlig" pensionsförsäkring då kunden saknar förmånstagare i kretsen make, sambo eller barn.

d) Pensionär

Olycksfallsförsäkring.

Vilka försäkringar är onödiga?

- Många gånger reseförsäkring och avbeställningsskydd som resebyrån vill teckna. Betalar man med sitt kort ingår oftast försäkring.
- Försäkringar på hemelektronik är ofta också onödiga, ett bra betalkort har en allrisk-försäkring inbyggd och då behövs inte extraförsäkringen.
- Vårdförsäkring är kanske inte alldeles nödvändig. Vi har trots allt fri vård i Sverige. Men för den som vill så är det absolut inget fel. Dessa försäkringar bidrar faktiskt i de allra flesta fall till ett minskat tryck på sjukvården då de allra flesta enbart anlitar privata vårdgivare.

KÄLLA: JOAKIM JIDEMO/ NORDEA

Din arbetsgivare kanske kan hjälpa till

Det finns arbetsgivare som hjälper anställda att bringa reda i alla försäkringar och de kollektiva och arbetsplatsrelaterade kombinationer man samlar på sig under ett långt yrkesliv. Min arbetsgivare tillhör de som bjuder på vägledning. Här får anställda hjälp av en extern och oberoende expert som anlitas för att syna anställdas försäkringar och pensionsval i förhållande till individuella omständigheter och behov.

Själv baxade jag för några år sedan med mig två mulliga pärmar till jobbet som jag hade ryckt ur kontorshyllan därhemma. I det läget hade jag inte koll på hur mina olika försäkringar och spar- pensions- och trygghetskonstruktioner fungerade tillsammans, det vill säga om det var för mycket eller för lite, för dyrt eller för onödigt. För inte hade jag följt upp varken mina pensions- eller försäkringsval sedan den dagen jag tecknade avtalen. Inte heller hade jag jämfört mina egna "papper" med familjens gemensamma skyddssystem eller med de trygghetsfunktioner man får via fack och arbetsgivare.

Hade i det läget inte en aning om jag över- eller underförsäkrat mitt liv på olika sätt. Det kan hända mycket under årens lopp som gör att vissa val kan vara totalt fel i ens livssituation tio år senare. Nu vet jag att kompotten var helt okej.

Fråga din arbetsgivare om även du kan få samma service, som exempel på god personalpolitik.

Du kan jämföra försäkringar på internet:

compricer.se är en självständig aktör på nätet som kan jämföra det mesta från försäkringar till bolån, fonder och elpriser.

insplanet.se är försäkringsmäklare som samarbetar med många försäkringsbolag, men inte alla. Är inte heltäckande.

finansportalen.se är en oberoende nätadress för finansiell och privatekonomisk information.

konsumenternas.se Konsumenternas försäkringsbyrå är en bra oberoende källa att rådgöra med, även per telefon.

Praktiska tips om försäkringar

- Samla all information om försäkringsskyddet för de efterlevande i en pärm eller mapp och informera den närmaste familjen.
- Drabbas man av en skada så har man ett svårt bevisläge. Det är därför mycket klokt att dokumentera med bilder, film, kvitton, kvittokopior med mera och förvarar dokumentationen säkert utanför hemmet (t.ex. bankfack). Det här bör man ha som vana att uppdatera.
- Försäkringsbolagen har börjat chockhöja premierna för kunder med betalningsanmärkningar. Den som har en eller flera betalningsanmärkningar kan riskera att premien höjs med mellan 40 och 100 % för att försäkra bilen, villan, lägenheten eller fritidshuset. Ett sätt att få samma pris som alla andra är att teckna fackens gruppförsäkringar.
- Försäkringsskyddet måste alltid anpassas till den aktuella familjesituationen. Det räcker inte att se över skyddet en gång för alla. Man måste uppdatera det varje gång det sker en förändring, som när du gifter dig, skiljer dig, blir sambo, får barn, byter jobb, tar ett bolån eller riskerar att bli arbetslös.
- Begär årligen in offerter på bilförsäkring, hemförsäkring med flera.
- Hemförsäkringen består av flera delar och täcker mer än de flesta tror:

  Egendomsförsäkring – ersätter skador på saker du äger, hyr eller lånar för privat bruk.

  Ansvarsförsäkring – gäller om du som privatperson blir skyldig skadestånd.

  Personförsäkring vid överfall – ger ersättning för personskador som uppkommit vid till exempel misshandel eller våldtäkt. ▸

Rättsskyddsförsäkring – kan betala kostnaden om du behöver juridiskt ombud i en tvist.

Reseförsäkring – ingår i de flesta hemförsäkringar och gäller oftast i upp till 45 dagar på resande fot.

Vissa försäkringar står samhället för

Socialförsäkring

Alla som är bosatta i Sverige omfattas av socialförsäkringssystemet. Systemet administreras av försäkringskassorna, Riksförsäkringsverket och Premiepensionsmyndigheten.

Vid sjukdom får du sjukpenning som ersättning för inkomstförlust. För extra vård- och tillsynskostnader för ett barns funktionshinder kan vårdbidrag betalas ut. Personer över sexton år som blir invalidiserade kan få handikappersättning samt eventuellt bilbidrag.

Vilka pensionsregler som gäller beror på när du är född.

Genom avtal mellan arbetsgivarna och de fackliga organisationerna finns så kallade avtalsförsäkringar. De kompletterar socialförsäkringssystemets grundskydd vid exempelvis sjukdom.

Kapitel 8

Vardagsekonomi

Den här läsarfrågan säger egentligen allt. Många känner nog igen sig.

? Min privatekonomi har hittills skötts ganska ogenomtänkt. Jag har inte varit särskilt bra på att hålla koll på kostnaderna. Men nu har jag börjat tänka igenom saker mer och se till att jag får pengar över så att jag kan spara lite varje månad. Det behövs inför pensioneringen!

Och nu till min fråga: I samband med att jag börjat spara så funderar jag också mer och mer på kostnader för banktjänster, el, telefon och försäkringar. Det känns oöverstigligt att försöka hålla reda på om man har det billigaste alternativet på alla områdena. Är det verkligen någon idé att ägna sig åt avancerade jämförelser?

Är det något av områdena där det finns mycket pengar att spara? Alltså, om jag vill spara pengar, ska jag då fokusera på val av försäkringsbolag, el-leverantör, telefon-operatör eller något annat?

"Sparfokuserad"

– Det ska gudarna veta att det är en djungel av företag som säger sig ha det bästa kontraktet att erbjuda. Om det så gäller försäkringsbolag, elleverantör eller tele- och bredbandsoperatör.

Den röda tråden i detta virrvarr av erbjudanden är att det är svårt att göra prisjämförelser. Men det lönar sig. Och det finns hjälp att få. Via Konsumentverket kan man hitta många aktörer som har användbara prisjämförelser.

Kolla till exempel elpriser på konsumentverket.se.

Eller hos Konsumenternas försäkringsbyrå för att jämföra försäkringar: konsumenternasforsakringsbyra.se

På compricer.se kan du göra mängder av olika prisjämförelser på allt från försäkringar till bolån, el- och pensionsbolag.

Det lönar sig också att jämföra banktjänster.

Allmänna råd är att:

- Gå igenom hushållsbudgeten.
- Fokusera på de tunga posterna.

- På Konsumentverkets hemsida finns en bra broschyr: "Koll på pengarna".
- Leta varje år fram bästa pris på de varor och tjänster ett hushåll normalt köper och anlitar. Som bästa ränta på bolån och sparkonto, billigaste mataffär och livsmedel, billigaste och bästa försäkring och olika typer av abonnemang som el, telefon, bredband och tv-kanaler.

Börjar pengarna ta slut?

Har du spenderat för mycket? Samla då i ladorna till nästa semester eller storhelg och gör det i god tid. Godis, kakor, läsk, snus, vecko-, fack- och kvällstidningar kostar mycket pengar, sammantaget. För att inte tala om vilka hål en kaffelatte på stan varje dag kan göra i plånboken. Hygienartiklar luktar gott och har lockande hölje där de ligger i drivor, färggranna, i sina korgar lagom vid kassan. Håll fingrarna i styr. Om du kan motstå. Man behöver ju inte ha tredubbel uppsättning av allt, även om det är rätt kul.

Med risk för att framstå som moraltant: spara bort snask och lustköp. Här får du svart på vitt, det kanske gör det lättare. Så här mycket kostar "småutgifterna" (källa: Ikanobanken 2009):

En smågodispåse i veckan à 25 kr = 1 300 kr/år.

En kvällstidning varje dag = 3 540 kr/år.

Och du, snus vad kostar det? Räknat på ca 40 kronor dosan:
2 dosor i veckan = 4 160 kr/år.

Röker gör ju några fortfarande. Dyrt och farligt. Ett paket om dagen à 50 kronor = 18 200 kr/år.

En chipspåse i veckan = 832 kr /år.

Egen lunchbox på jobbet 5 dagar i veckan à 25 kronor /styck = 6 500 kr/år. Lunch på stan eller i företagsmatsalen: 5 dagar i veckan à 50 kronor = 13 000 kr/år. Besparing 6 500 kr/år.

Konkreta spartips

- Gå igenom din hushållsekonomi. Skippa onödiga utgifter.
- Köp på rea och utnyttja rabatter.
- Jämför priser. På Internet finns bra information när man vill kolla priser på kapitalvaror, exempelvis: pricerunner.se, kelkoo.se, prisjakt.se, cint.se, prisjakt.se och compricer.se.
- Köp secondhand kläder istället för nytt. I dag är det trendigt att köpa det som kallas "vintage". Det kan med fördel även gälla kläder till barn och barnbarn.
- Sälj prylar du har tröttnat på, till exempel på blocket.se eller tradera.se.
- Är du singel kan du kanske handla tillsammans med någon annan som också är singel och sen kan ni dela för att utnyttja de lägre priserna på storpack.
- Avstå från impulsköp. Följ din inköpslista.
- Köp kontantkort till din mobil då får du bättre koll på den utgiften och var försiktig med att ringa med mobilen utomlands. Det är dyrt eftersom det är du som betalar både för de samtal du ringer och en stor del av de samtal du tar emot.
- Hyr ut ert extra rum till bed and breakfast.
- Jobba mer. Kan någon i familjen arbeta mer eller jobbar ni redan heltid? Xtraknäck? Kolla lokala annonser.
- Köp inte på kredit eller avbetalning. Den effektiva räntan kan bli skyhög när du räknat in avgifter och "uppläggningskostnader".
- Ta inte SMS-lån, av samma skäl som ovan.
- Skippa onödiga prenumerationer och föreningsavgifter. Du anar inte vilka summor det blir när man verkligen sätter sig ner och räknar samman prenumerationer och avgifter på alla erbjudanden man nappat på.

▶

- Låna böcker och videofilmer på bibliotek. Läs tidningar och tidskrifter där istället för att köpa själv. På biblioteken brukar det dessutom finnas möjlighet att använda internet gratis.
- Ställ bilen hemma. Samåk till jobbet om det går att ordna eller cykla om det passar.
- Kolla om du har rätt till bostadsbidrag.
- Se upp med tv- och telekommunikationskostnader. De kan bli orimligt höga. Rensa i antalet kanaler? Behöver du alla du betalar för?
- Dra ner på elförbrukningen. Stäng av alla elektroniska apparater – tv, dator m.m. – när du inte använder dem. De drar ström även i stand-by-läge.
- Installera luftvärmeväxlare som ersättning för direktverkande el.
- Dilemmat för el-konsumenterna är detsamma som med bolånet: rörligt eller bundet? Men rörligt elpris brukar vara mest gynnsamt. Kolla med bolagen. Oberoende Konsumenternas elrådgivningsbyrå framhåller att det viktigaste är att engagera sig. Dyrast blir det i princip alltid att ha elbolagens tillsvidarepris, som man får om man inte gör ett aktivt val. Elpriser kan du jämföra på bland annat elprisguiden.se, pricerunner.se, avgifter.com, elskling.se, finansportalen.se, elradgivningsbyran.se eller elpriskollen.se.
- Så fort du fått ordning på din ekonomi ska du börja månadsspara till en buffert för oförutsedda utgifter. Spara med autogiro.
- Gå med i A-kassan. Möjligen kan du även teckna en arbetslöshetsförsäkring. Tala med ditt fackförbund och tala med din bank om du har bolån som du vill försäkra mot arbetslöshet.

Varför räcker inte pengarna till?

Det kom ett samtal till *Sydsvenskan*. Gymnasisten Isabella ville ha svar på varför kvinnor inte får pengarna att räcka till. Här är hennes frågor och mina svar:

Vad är vanligast orsaken till att pengarna inte räcker för kvinnor?

– Först: Det är ingen skillnad på män och kvinnor i det fallet. Även män kan ha låga inkomster, spendersam karaktär och större konsumtion än han har pengar till.

Det mindre roliga svaret är att det gäller att ha ordning på sina pengar. Att göra en budget underlättar. Genom att bokföra kända inkomster och utgifter har du koll på vart pengarna tar vägen och hur mycket pengar du har att röra dig med, utöver fasta utgifter.

Hur börjar man spara?

– Börja månadsspara med en fast summa. Be banken göra en automatisk överföring från ditt lönekonto till fondsparande eller ett sparande på konto som ger dig en högre avkastning än det vanliga transaktionskontot.

Hur sparar jag smart – minst fem exempel – som lönar sig för målgruppen?

1. Månadsspara.
2. Gör inga avbetalningsköp. De blir dyra .
3. Planera dina större inköp, det vill säga: spara först och köp sedan.
4. Passa på att köpa vid rea och utförsäljningar och mat i lågprisaffärer.
5. Undvik impulsköp

Hur mycket bör jag spara per månad?

– Det kan bara du själv avgöra. Räkna ut vad du har för fasta avgifter och vad du därefter kan avvara utan att göra för stort våld på dina vanliga konsumtionsvanor. Möjligen kan du sluta röka eller snusa och istället stoppa pengarna du sparar för den utgiften på ett sparkonto. Eller så slutar du med något annat.

200 till 500 kronor kan kanske vara en rimlig summa. Eller mer

eller mindre. Ta råd av din bank. Låt sedan dessa sparpengar för ditt långsiktiga sparande stå orörda. Det är det som är vitsen. Små summor växer till sig på sikt.

Men du kan även spara för olika syften:

1. I ett buffertkonto för oförutsedda utgifter
2. Ett långsiktigt månadssparande i exempelvis någon form av fondsparande där du inte rör pengarna på kort sikt.

Är det bra med lån och i så fall på vilket sätt?

– Låna inte till konsumtion. Men ska du nödvändigtvis låna så gör det i en bank efter att noga ha kollat hur mycket ränta din ekonomi tål utan att krascha. Kolla också vilka avgifter du måste betala för lånet. Jämför villkoren i olika banker. Det lönar sig.

Fall inte för lockropen om snabba kontokortskrediter. Det blir svindyra lån. Och skall man på äldre dagar ta lån på sin bostad, så kallade seniorlån, ska man jämföra villkoren noga. Upplägg, avgifter, kostnad och ränta skiftar väldigt mellan de olika långivarna.

Vad ska jag kolla när det gäller mina befintliga lån?

– Se över din ränta, om du har hus-/bostadsrättslån kolla då om du har fasta räntor eller rörliga. Kanske ska du binda en del av räntorna. Undersök flera bankalternativ och vilken ränta de kan ge dig. Om du har dyra lån, som exempelvis rena konsumtionslån, se till att amortera av dem så fort som möjligt. Är lånen inte tagna i bank ska du undersöka om du kan lägga om lånet till ett banklån istället. Dessa är ofta billigare. Men kolla räntan och avgifterna även här. Vitsen med att du lägger om är att räntekostnaden ska bli lägre.

Hur investerar jag pengar enkelt och snabbt (tänk tio år, max)?

– Investera i blandfonder som är breda geografiskt. Bestäm dig för vilken risk du är villig att ta. Och kom ihåg att inte lägga hela sparandet i hög risk. Det som går snabbt upp i värde kan också falla snabbt. Indexfonder kan också vara ett alternativ, men helst utan avgift.

Vilka är de värsta fällorna och hur undviker jag dem?

1. Dyra krediter vid impulsköp.

2. Dåliga finansiella rådgivare som inte är licensierade. Bankrådgivaren är ofta det, men däremot inte alla inom de så kallade "oberoende rådgivningsföretagen". Och kom ihåg: ingen rådgivare är oberoende. Ta heller inga snabba beslut. Gå hem först och tänk på saken innan du väljer sparpaket, försäkringslösningar eller större inköp som kräver hjälp med finansieringen.

Eventuellt exempel på extrainkomster som kan ge klirr i kassan, om du har några sådana?

– Kolla annonser i tidning eller på nätet, om och var det finns behov av extrahjälp. Eller ring din kommun och kolla om de behöver inhoppare i någon servicefunktion.

Ta helgjobb. Kolla exempelvis med trädgårdsnäringen eller blomsterförsäljare om de behöver extra händer vid helger och andra arbetstoppar. Sitt i kassan i närbutiken, passa grannens barn eller barnbarn, hoppa in som hundvakt eller som "gräsklippare". Det finns många som behöver en hjälpande hand med korta uppdrag.

Kapitel 9

Sambo - en farlig fälla

Är du sambo? Gift dig!

Man kan ju alltid skiljas.

Under tiden lever och bor du åtminstone något lite säkrare både juridiskt och ekonomiskt. Inte minst när kärleken börjar tryta. För här ska du få höra. Spetsa öronen. År efter år samma elände: Vittnesmålen från verkligheten om samboskapet i frågor som anländer till M-magasin i en stadig ström. Läs och begrunda. Gör sedan slag i saken, annars kan det gå riktigt illa.

Samboskap är en farlig förbindelse. Alldeles för få tänker på fallgroparna. Det borde man göra. Idag lever runt en tredjedel av alla samlevande par som sambos och sambolagen invaggar folk i falsk trygget. Att vara sambo ger inte samma skydd som att vara gift.

Du har ingen försörjningsskyldighet gentemot din sambo. Ingen arvsrätt. En annan viktig skillnad är att sambor vid en separation bara delar på bostad och bohag, till exempel möbler och hushållsmaskiner, som köpts för gemensamt bruk. Bil, båt, fritidshus, bankmedel och aktier – allt detta tillhör den som betalt för det. Så även vovven.

Man undrar faktiskt: Varför har lagstiftarna gjort så stor rättslig skillnad mellan giftermål och samboförhållande?

Ett gemensamt budskap i många brev är oron över att det kan gå åt fanders vid en separation. Eller ännu värre vid dödsfall, då den som blir ensam är rädd för att inte kunna bo kvar och tvingas sälja sitt hem eller riskerar att stå helt utblottad om det saknas både testamente och livförsäkring.

Jag kanske skylls för att vara låst i gamla normer då jag säger ”gift er ”. Men icke. Här gäller det att överleva både mentalt och ekonomiskt och göra det så klokt, så effektivt och praktiskt som möjligt. Låt frågorna till *M-magasin* tala för sig själva.

Sambon till min dotter, som ensam äger en bostadsrätt, flyttar snart in till henne på hennes adress.

Har hört att man som sambo efter att i sex månader varit skriven på samma adress automatiskt "äger" halva bostaden utan att ens ha betalat ett öre. Frågan gäller om det längre fram skulle bli separation, hur kan min dotter bäst skydda sig? Avtal eller annat?

– Jag säger bara: "Gift er. Ni kan ju alltid skilja er om det går åt skogen"

Samboskap är en farlig förbindelse. Alldeles för få känner till fallgroparna. Sambolagen invaggar folk i falsk trygget.

Först dock ett lugnande besked: Sambon får inte alls äganderätt till din dotters bostad. Varken efter sex månader eller senare. Man kan inte "bo till sig" äganderätt i sin sambos egendom. Har hon köpt bostadsrätten till sig själv tidigare och den var hennes egendom innan de flyttade samman så blir den även i fortsättningen hennes egendom.

En god idé när man blir sambo är dock att avtala bort sambolagen. Man kan nämligen avtala bort sambolagens bodelningsregler. Vem som har rätt till den gemensamma bostaden är en mycket viktig fråga att reda ut, helst innan man flyttar samman, men det går naturligtvis att skriva ett samboavtal även senare.

Din dotter bör även skriva en lista på vad som tillhör henne och vad som tillhör honom innan de flyttar samman. Detta dokument bör undertecknas av båda. På samma sätt bör de reda ut vad som ska vara deras gemensamma egendom.

Att vara sambo ger inte samma skydd som att vara gift. En viktig skillnad är som exempel att sambor vid en separation bara delar på en gemensamt ägd bostad samt bohag som köpts för gemensamt bruk. Varken bil, båt, fritidshus, bankmedel och aktier räknas dit. Allt detta tillhör den som betalt för det. Att spara på kvitton som bevis på vem som köpt vad är därför viktigt.

Dessutom bör din dotter tänka på att inköpen inte fördelas på det traditionella viset: att kvinnan betalar för de löpande hushållsutgifterna, medan mannen köper och betalar för kapitalvaror, som ju har ett beständigt värde, till skillnad från hushållssopor.

Om den ena bara står för det löpande och den andre köper kapitalvaror eller sparar pengar kan det sluta med att den ena står tomhänt, medan den andre får med sig sparmedel och dyra saker, som inte omfattas av sambolagen, vid en separation.

Exempel: Om man köper en bil gemensamt, men bara en står som ägare, då ingår inte bilen i en eventuell bodelning även om båda har varit med och betalat.

Vad din dotter också bör tänka på är att sambor inte ärver varandra.

Ett gott råd är alltid att rådgöra med en jurist i så här viktiga frågor. Inget fall är det andra likt.

Tänk på detta inför ett samboskap:

- Läs på om sambolagen på nätet.
- Ta hjälp av en familjerättsjurist, skriv samboavtal.
- Tänk på bostaden, försäkringar och inköpsfördelning.
- Kolla er försäkringssituation. Har ni rätt skydd och står rätt person som förmånstagare?
- Tänk på att inte bli ekonomiskt utnyttjad. Gör klart för dig vem som får stå för skulderna vid en separation.
- Vid en bodelning (utan samboavtal) delas värdet på bostaden lika oavsett vem som har betalat vad. Även om båda har varit med och betalat bostaden kan det bli rejält orättvist, till exempel om den ene gått in med kontanter och den andra har tagit ett lån. Skulder räknas nämligen bort innan värdet delas. Vilket i praktiken innebär att den som betalat kontant får vara med och betala den andres lån.
- Dela lika på gemensamma kostnaderna som mat och hyra.
- Öppna gemensamt konto där båda sätter in pengar som kan användas till gemensamma utgifter. Om ni har gemensamt konto måste båda stå som kontoinnehavare eftersom det annars inte ingår vid en bodelning.
- Öppna även eget sparkonto i eget namn för eget bruk.
- Satsa lika mycket om ni köper en ny gemensam bostad och stå båda två formellt som ägare.
- Köp alltid kapitalvaror, som till exempel bil, tillsammans och se till att båda står på kvittot.

▶

- Ha kvitto på allt ni köper gemensamt.
- Spara på alla kvitton på inköp du gjort själv
- Vill ni ärva varandra? Skriv då ett inbördes testamente. Sambor har ingen arvsrätt.
- Råd vid en separation: Gör bodelning direkt för att undvika framtida problem samt ändra testamente och förmånstagarförordnanden direkt.

Hej Birgitta!

Jag har en pojkvän sedan två år tillbaka, vi är båda 35 år och planerar att skaffa barn. Jag vill gärna gifta mig, men min pojkvän tycker vi lika gärna kan vara sambos. Hans föräldrar gifte sig när de varit sambos i trettio år.

Dessvärre tror jag att anledningen till hans tvekan är väldigt oromantisk, nämligen ekonomiska skäl. Han verkar rädd att förlora sin förmögenhet vid eventuell skilsmässa.

Jag studerar för tillfället och han har eget företag. Han är höginkomsttagare och äger lägenheten vi bor i. Vi har just flyttat in och har inte köpt möbler och sånt. Jag studerar för tillfället och kommer snart gå ut i arbetslivet igen, med förhoppningsvis god lön. Men just nu äger jag ingenting.

Skulle vi kunna skriva ett äktenskapsförord vid eventuellt giftermål, där båda kan känna sig trygga?

Jag vill ju inte riskera att hamna i kvinnofällan där jag uppoffrar år av mitt liv för familjen och min man, och så har jag ingen laglig rätt till någonting om vi i värsta fall skulle gå skilda vägar.

Finns det någon variant att för varje år man är gift, desto mer delar man vid en eventuell skilsmässa? Någon form av långsam upptrappning? Jag vill absolut inte ha delad ekonomi. Vore tacksam för svar (trots fel ålder).

Ogift Kvinna Utan Barn

– Låter farligt.

Älskar han dig? Respekterar han dig? Är han öppen mot dig i ekonomiska frågor?

Det är faktiskt en förutsättning för att kunna leva bra tillsammans att man kan tala om pengar och har klart för sig varandras ekonomiska roller och normer och värderingar. Särskilt viktigt är detta om man planerar att skaffa barn tillsammans.

Tänk till ordentligt. Varför vågar du inte tala frankt och öppet med honom om din oro för en eventuell framtida separation? Och öppet säga att du är bekymrad över att han har en så stark ekonomisk sits och du en så svag.

En sak till: Varför tror du hans föräldrar till slut valde att gifta sig? Bra fråga att ställa till både dem och din pojkvän, tycker jag.

En sak är glasklar: Som sambo är man inte lika juridiskt skyddad som i ett äktenskap. Och du .... antalet år i en relation innebär inte ökad laglig rätt till partnerns egendom eller tillgångar. Mitt råd är att ni båda – i samförstånd – inhämtar råd av en jurist som är specialist på familjerätt. Samboavtal och testamente är exempel på praktiska lösningar. Olika typer av försäkringar och förmånstagarförordnande finns också som trygghetsinstrument. Ömsesidig livförsäkring är ett sådant.

Din pojkväns företag gör saken mer komplicerad och kräver juridisk kompetens för att hitta en lösning som är bra för er båda. Detta måste ni tala ut om innan ni flyttar samman.

Annars har du en konflikt som amen i kyrkan inom snar framtid. Och gräl om pengar befrämjar inte precis en relation. Visa att du vågar tala om svåra saker innan ni bildar familj. Är din pojkvän av rätta virket kommer han att förstå och visa dig respekt för att du har mod och integritet att ta upp frågan ... innan det är för sent och medan ni är goda vänner.

Viktigt är under alla förhållanden är att du så snart som möjligt startar ett eget sparande.

Testamente

Sambor ärver inte varandra enligt lag. I så fall krävs att samborna upprättar ett testamente.

Enligt sambolagen ska bostad och bohag som anskaffats för gemensamt användande delas lika mellan sambor vid en separation/dödsfall och detta oberoende av vem som äger/har betalt bostaden och bohaget. I övrigt behåller var och en sin egendom. Viktiga saker att tänka på är bostaden, försäkringar och inköpsfördelning.

Sambor kan inte upprätta äktenskapsförord.

Vad gäller för sambor? Vår dotter har precis köpt en lägenhet i Stockholm tillsammans med sin käresta. Han har tre barn från ett tidigare förhållande.
Min kunskap sträcker sig inte längre än till att jag inser att de bör skriva något mellan sig. Lägenheten kostade två miljoner kronor. Tror att de är överens om att sätta in lika mycket var (200 000 kronor). Resten ska lånefinansieras. Hur ska de fördela månadskostnaderna mellan sig med tanke på att hans barn faktiskt (i fullt samförstånd) får var sitt rum? Hans inkomst är dubbelt så hög som vår dotters. Skulle uppskatta om du, på ett enkelt sätt, kan ge din syn på saken.

Gert

– En spontan reaktion är att sambon bör betala större delen av månadskostnaden eftersom även hans tre barn ska ingå i hushållet. Situationen är inte ovanlig. Man flyttar ihop och "ska dela lika på allt", oavsett vem som kostar mest i hushållet. Det kan verka okej när man är kär och tycker det är obehagligt att tala om pengar. Inte lika kul senare, vid en eventuell separation dock.

Kort och koncist: De bör avtala bort sambolagen och teckna livförsäkring med din dotter som förmånstagare. Samt skriva testamente. Din dotter och hennes sambo bör kontakta en familjerättsjurist eller bankjurist och skriva ett ordentligt samboavtal.

Samboskapet är en förrädisk juridisk fälla för den som inte gör helt klart för sig hur egendom fördelas vid en separation. Och vad som händer vid dödsfall. Risken i det här fallet är att mannen vid en separation blir tilldelad bostaden vid en tvist. För i princip är det den som har störst behov som blir tilldelad bostaden, eftersom lägenheten utgör hem även åt barnen.

Alla har inte heller klart för sig att sambopar inte ärver varandra. Dör mannen så ärver hans barn pappans del av lägenheten. Ska din dotter då bo kvar måste hon lösa ut barnen för att få behålla lägenheten. Din dotter borde alltså teckna en försäkring på sin sambo. Ett alternativ är att hon blir insatt som förmånstagare i hans livförsäkring, vilket gör att din dotter då har råd att lösa ut hans barn från lägenheten.

Farlig flykt

Att kasta sig in i ett samboskap som flykt från sin föräldrar är inte att rekommendera. Den här frågan kom till *Sydsvenskan* hösten 2008. Hoppas hon tänkte sig för.

Hej!
Jag är arton år gammal och går sista året på gymnasiet. Jag bor med min mamma och min lillasyster. Jag har länge varit sugen på att flytta hemifrån, men på sista tiden har relationen mellan min mamma och mig blivit allt sämre. Jag vet att det beror på att vi har så olika åsikter om saker och jag vill inte att vi ska glida ifrån varandra helt, vilket vi snart gör.

Jag och min pojkvän funderar på det här. Så min fråga är om det skulle funka att flytta hemifrån redan nu? Jag får ju underhåll från min pappa plus att jag har deltidsjobb. Min pojkvän får ungefär samma inkomster som jag fast han får inget underhåll. Sen får jag väl underhåll från mamma tills jag gått ut gymnasiet? Min pojkvän får väl också underhåll om han inte bor hemma?

Tack på förhand för ditt svar.

– En svår fråga.

Vet du vad, jag tycker du ska sätta dig ner med din mamma och tala ut om saken. I lugn och ro. Säg precis som du säger till mig. Att du tycker mycket om henne och att du verkligen vill att ni ska förbli vänner. Försök sedan komma fram till vad som egentligen är bäst för dig.

Tänk på att det tar oerhört mycket tid och kraft att ta ett så drastiskt steg i livet som att flytta hemifrån och dessutom direkt hoppa in i ett nytt beroendeförhållande, som även det kräver en oerhörd anpassnings- och samarbetsförmåga.

För att inte tala om att det kostar mycket pengar att betala hyra, el, vatten, sophämtning, mat och allt annat som krävs för att hålla ett hushåll. Det handlar om många, många tusenlappar i månaden.

Dessutom inträder så viktiga juridiska omständigheter som sambolagen den dag man flyttar samman med en partner. Varning: Samboskap är en mer komplicerad historia än folk i allmänhet egentligen förstår. Det är inte bara att flytta samman. För med samboskap följer olika ekonomiska och juridiskt lagstadgade regler om vem som har rätt till vad av bohag och andra tillgångar. Du måste därför mycket noga sätta dig in i vilka ekonomiska uppgörelser som du vill ha mellan dig och din pojkvän och skriftligt slå fast vad som är ditt och vad som är hans innan ni blir sambo. Vad som ska vara er gemensamma egendom. Vem som har rätt till den gemensamma bostaden är också en mycket viktig fråga att reda ut innan man flyttar samman.

Man kan avtala bort sambolagen, vilket kan vara en fördel. Mitt råd är att du har allt detta ordnat och klart innan du väljer att flytta samman. Om du nu tar ett så stort steg i ett förhastat beslut. Allt för många separationer har nämligen slutat i stora problem för någon av parterna. För att inte tala om hur knepigt det kan bli om det även kommer barn med i bilden.

Tala med din mamma och tala även med en jurist om du ändå väljer att flytta hemifrån. Annars kan det sluta i ett elände rent ekonomiskt och praktisk den dagen du och din pojkvän kanske bryter upp.

Tänk ett varv till.

Lycka till!

Jag flyttade ihop med min sambo i hans bostadsrättslägenhet i september 2002. I december 2003 sålde han halva lägenheten till mig. Köpet registrerades i bostadsrättsföreningen och jag har ett köpekontrakt som bevis på detta.

Nu till frågan: Om han dör före mig eller vi separerar, vad händer då beträffande lägenheten? Gäller sambolagen så skulle ju han (eller hans barn) ändå anses som den/de som ska ha rätt till hela lägenheten eftersom jag flyttade till hans lägenhet. Jag köpte ju halva lägenheten för att inte råka ut för detta, att stå helt lottlös. (Vi har renoverat den för ganska mycket pengar, som jag också har betalat hälften av.)

Rådfrågade en juridiskt kunnig, som sa att vi för säkerhets skull måste avskriva oss sambolagen. Stämmer det?

Om vi då avtalar bort sambolagen, finns det några fallgropar? (Jag har beställt förtryckta blanketter.)

Kan man i så fall avtala bort lagen när det gäller själva lägenheten, men behålla sambolagen när det gäller bohaget (som vi f.ö. hela tiden betalar halva summan var av)? Tänkte mig att det skulle vara enklast att slippa bevisa ägandet av bohaget i efterhand.

Min sambo är väldigt osäker och vågar knappt skriva på, så jag är väldigt tacksam om du kan ge mig ett klart och tydligt svar. Han vill trots allt att vår överenskommelse, om att jag ska ha halva lägenheten, ska gälla.

Gun

– Gå till en advokat med familjerätt som specialitet. Det är värt pengarna.

Använd inte förtryckta blanketter. Varje relation är unik, vilket inget förtryck i världen kan förutse och reglera. Och bra är alltid att spara på kvitton och att även ta foto på det man köpt.

Som sambo vid dödsfall eller separation kan livet bli rätt komplicerat – även rättsligt. Man undrar faktiskt: Varför har lagstiftarna gjort så stor rättslig skillnad mellan giftermål och samboförhållande?

Sambolagen tillkom som en slags skyddslagstiftning för den svagare parten i ett samboförhållande. Men varför inte låta samma juridiska regelverk gälla för båda samlevnadsformerna?

Testamenten, bortavtalad sambolag, köpehandlingar, försäkringar med förmånstagare – en hel radda rättsliga säkerhetsavtal kan i viss mån trygga varandra rent materiellt i ett samboförhållande. Men vill särkullbarn ha ut sitt arv efter sin förälder kan det uppstå stora problem. Inte bara känslomässigt, utan även ekonomiskt.

Eftersom sakernas tillstånd nu är sådana att det är rättsligt säkrare att vara gift än att vara sambo, så varför inte välja den juridiska lösningen med äktenskap? Man kan ju faktiskt separera.

Vid din sambos död kommer hans barn att ärva hans egendom. Så om du vill bo kvar i lägenheten och vill ha kvar allt bohag, måste du alltså köpa halva lägenheten och hans del av bohaget av hans barn. Kom ihåg: Man kan aldrig avtala eller testamentera bort särkullbarns rätt att ärva minst sin laglott (till marknadsvärdet dessutom, om de så vill) direkt efter föräldrarnas död. Detta gäller även särkullbarn till gifta par.

Tyvärr måste jag komma med ännu fler pekpinnar. Varning! Det finns risk för att din del bedöms vara inköpt för det gemensamma boendet och därmed faller under sambolagens bodelningsregler, medan den del som din man ägde innan inte är anskaffad för det gemensamma boendet och därmed inte är föremål för sambolagens regler. Det kan alltså innebära att han får 75 % av lägenheten och du 25 %.

Råd: Skriv både samboavtal och testamente.

Att avtala bort sambolagen innebär att den kan avtalas bort i sin helhet. Den går inte att avtala bort bara delvis. Det bohag som var och en ägde innan de blev sambor ska inte delas vid en separation. Man kan upprätta och underteckna en gemensam förteckning över vilket bohag var och en ägde innan man flyttade ihop. Det bohag som inte står upptaget i förteckning anses då införskaffat under sambotiden och ska delas vid en separation/dödsfall.

Sambor ärver inte varandra enligt sambolagen. För att sambor skall ärva varandra krävs testamente.

Omvända roller

Ibland är det omvända roller. Men det är ovanligt. Män brukar stå för inköp av fast egendom och kapitalvaror, medan kvinnor oftast betalar för de löpande kostnaderna och därmed riskerar att stå utan både pengar och fast egendom vid en separation. Men inte så i det här fallet:

Jag är sambo sedan ett par år men äger ensam huset vi bor i. Vi har ännu inte upprättat något samboavtal. Problemet nu är att vi har lite olika åsikter om hur vi ska fördela kostnaderna, framförallt när det gäller husets underhåll.
Min partner betalar enbart för den faktiska boendekostnaden, det vill säga vi delar på mina räntekostnader och driftkostnader. Han visar inte heller något intresse för att köpa något gemensamt, utan verkar vara nöjd med situationen som den är.

Det är däremot inte jag, men är samtidigt osäker på vad som är rätt. Jag står för alla renoveringar såsom omläggning av tak, byte av fönster och så vidare och min partner menar att det är investeringar som jag i slutändan blir kompenserad för när jag en gång säljer huset.

Tycker du att detta är ett rättvist upplägg? Jag känner mig ärligt talat lite utnyttjad. Min partner har dessutom en avsevärt mycket högre lön än vad jag har, vilket kanske egentligen inte har med saken att göra men det känns för mig väldigt ojämlikt ekonomiskt sett.

Lotta

– Har funderat en aning. Normalt är förhållandet det omvända, att mannen äger bostaden och den kvinnliga parten i samboskapet står utan fast egendom och betalar de löpande kostnaderna för hushållet. Ett ganska "ojämt" förhållande, sett ur förmögenhets- och trygghetsvinkel och då i de flesta fall till kvinnans nackdel.

Din sambo har ju egentligen rätt att det är du som har fördel av husets värdetillväxt. Inte han. För enligt sambolagen står det glasklart i reglerna som styr övertagande av bostad att denna regel inte gäller radhus eller villa och där enbart en person står som ägare till den sortens fastighet.

Tala med en bankman som kan ge er en objektiv uppgift på hur mycket "hyra" din man bör betala för sitt boende i ditt hus, utöver de ränte- och driftskostnader ni redan delar på. Det finns alltid schablonuppgifter på vad ett hus kostar i drift och vilken hyra berörda parter bör betala för sitt boende.

Lycka till och försök hålla er till fakta. Detta handlar nog inte så mycket om att utnyttja som att inte veta. Det bästa är alltså att låta ett bankproffs sätta prislappen åt er.

Jag är sambo sedan nio år tillbaka och det är min sambo som äger villan vi bor i. Jag betalar varje månad för mat och förbrukningsartiklar cirka 5 500 kronor, tv och bredband cirka 600 kronor. Jag köper även gardiner och annat pynt till huset. Sköter även matlagning, tvätt och städning. Håller dessutom med bil och bensin. Nu vill min sambo att jag dessutom ska betala hyra på 5 000 kronor i månaden vilket jag ställer mig väldigt tvekande till. Jag äger inte huset, vilket innebär att han får göra avdragen för alla räntor och jag anser att jag "gör rätt för mig" på annat sätt. Är detta rimligt?
Tacksam för svar är Annika

– Mardröm.

Kvinnorna står ofta för hemmets löpande utgifter och kneg, medan männen bygger kapital, i fast egendom, till sig själva.

Nej.

Nu räcker det.

Kan han inte räkna? Den fräcke fan.

Summera dina egna utgifter per månad för ert gemensamma hushåll. Allt. Och då menar jag allt: mat, rengöringsmedel, blommor, förbrukningsartiklar som toapapper och tvättmedel (dyrt numera), bensin, bilförsäkringar, presenter till släkt och vänner med mera. Förutom tv- och bredbandsavgifter. Glöm inte materialkostnaden för inredningen samt timkostnad för den städning du utför. Värd cirka 200 – 250 kr/tim. Arbetsinsatser som han tjänar på. Samtidigt som han tjänar på de ränteavdrag han får göra på sitt hus.

Repa mod. Dra ett djupt andetag. Och var kolugn. Försök i alla fall. Men var i vilket fall MYCKET tydlig och väl förberedd när du presenterar dina månadskostnader och löpande utlägg för ert gemensamma hushåll. Tala i klartext om att du tycker att dina ekonomiska insatser mer än väl räcker som "hyra" för att bo i ert gemensamma hem, även om det råkar vara hans egendom.

Det är väl i rimlighetens namn inte så att han ska göra en "vinst" på sin sambo?

Du kan förbereda dig genom att ta hjälp av en bankrådgivare som har bra koll på vad månadskostnaderna för ett privathushåll går löst på. Likartade beräkningsmodeller finns hos Konsumentverket.

Men var beredd på hur du ska bete dig om han blir förbannad och vägrar acceptera ditt ställningstagande: att du redan nu "betalar" tillräckligt för ditt boende i hans hus. Och sätter han sig på tvären måste du kanske överväga om han är en man värd att leva med i det långa loppet.

Jag säger bara det: Att vara sambo på ojämlika villkor har verkligen sina fallgropar.

Förhoppningsvis har du sparat kvitton och kontoutdrag från din bank på dina utlägg. Stick dessa bevis framför hans näsa. Jag skulle inte bli förvånad om det du lägger ut för era gemensamma levnadsomkostnader och konsumtion kan överstiga hans egna utgifter för huset.

Lägg på minnet: Han har en säkerhet i sitt hus. Du har ingenting – förutom en väldigt tom plånbok – om han väljer att dra.

... mer om taskiga sambovillkor och noll stöd i lagen ...

Min sambo har mer än 27 000 och jag 8 000 kronor i pension per månad. Till saken hör att kronofogden tar 3 500 per månad från min pension. Återstår cirka 2 800 kronor netto per månad. Min sambo för över 4 000 kronor varje månad till mitt konto. Jag disponerar alltså 6 800 kronor per månad. Min sambo anser att jag ska stå för totalt alla hushållskostnader (mat, vin, tvätt- och hygienartiklar osv.). Jag har även en egen telefon att betala, liksom mediciner, personlig hygien, presenter och julklappar. Vill även gärna prenumerera på någon tidning.

Alltså räcker inte mina pengar alls till. Jag jobbar hårt för att hitta extrajobb här och där, men är man sjuttio år fyllda är det inte lätt och det tar på krafterna.

Min sambos totala månadskostnader är precis 5 000 kronor, inklusive boende i hans hus, el, vatten m.m. Naturligtvis kan han

spara – i mina ögon – stora summor varje månad. Han har dessutom aktier och fonder.

Jag är totalt ekonomiskt beroende av honom och det är alltid han som bestämmer om eller när vi ska resa t.ex. Han blånekar alltid till att göra inköp till huset som jag anser vi ibland behöver, t.ex. en ny tv, eller andra kapitalvaror.

Jag har tvingat honom att lösa ut mig ur vårt hus och fått en summa pengar insatt på ett konto och dom pengarna går nu åt till hushållet.

Jag förstår att vi har väldigt olika sätt att förhålla oss till vårt sammanboende. Jag anser att vi lever som ett gift par (moraliskt, inte juridiskt) och då borde denna skillnad i ekonomi och beslut inte gälla.

Jag känner mig sviken och ganska så illa behandlad under de år som gått. Jag bara undrar – hur ställer sig en utomstående till min situation? Är jag helt fel ute kanske? Ska jag istället vara tacksam för att han är så snäll och försörjer mig?

Villrådig och ledsen tant!

– Du är absolut inte fel ute!

Att du dessutom tvingas "äta upp", det vill säga betala för era gemensamma hushållskostnader med det kapital du fått för din del i huset är direkt oanständigt.

Men det krassa svaret är tyvärr att det inte finns någon juridisk underhållsskyldighet mellan sambor enligt lag. Ett råd – om det nu är möjligt att genomföra i ert fall – gift er! Båda parter i en relation har ett väsentligt bättre ekonomiskt skyddsnät som gifta än som sambor.

Sambolagen är tyvärr ett gungfly av farliga surhålor, krångliga regler om vem som har rätt till vad vid en separation, med klar risk för tolkningstvister.

Dessutom är det så att sambor inte ärver varandra, vilket många inte känner till. Det kan ställa till stora problem för den efterlevande i ett samboförhållande om det saknas inbördes testamenten.

Men det finns handfasta ekonomiska råd att få. Vägledning och information om vad ett hushåll kostar per skalle finner du hos Konsumentverket, som är en statlig myndighet. Där finns uppgifter om hur mycket olika familjemedlemmar kostar "i hushållsdrift" räknat på ålder och kön.

Skaffa dig ett kunskapsövertag. Ring till verket och be dem hjälpa dig att hitta rätt. Du kan också gå in på Konsumentverkets hemsida, konsumentverket.se, och klicka fram den utmärkta informationen "Koll på pengarna". Den går också att få som broschyr i pappersform.

Där finns omfattande information om vad exempelvis bilen, maten, hygienartiklar, bostaden, möbler, kläder, mobilen och internet kostar.

Men det finns ett viktigt aber: Konsumentverket har ingen möjlighet att råda i enskilda tvister. Vänd dig därför även till din kommunala konsumentvägledare. Ta också kontakt med en privatrådgivare på din bank. De ställer alldeles säkert upp med goda råd om du presenterar ditt problem.

Och du ... var inte rädd för att de skulle "sladdra" för din sambo. Tystnadsplikt råder. Ert samtal stannar mellan dig och din rådgivare. Banken kan också hjälpa dig med råd om familjejuridiska problem.

Orubbat bo – en svårfångad dröm

Faran för att förlora sin bostad när sambon dör är tyvärr ofta befogad. Hoppet att få sitta kvar i "orubbat bo" är dessvärre mycket av en önskedröm om det finns särkullbarn.

Jag är ständigt orolig för hur jag skall klara mig ekonomiskt om min sambo dör.

Jag är sambo sedan några år tillbaka. Jag är 53 år och min sambo 64. Min sambo har ett barn och jag två. Vi bor i en bostadsrätt som min sambo äger. När vi flyttade ihop för fyra år sedan skrev vi ett så kallat samboavtal. Där står att bostadsrätten är hans och ingen annans.

Nu har min sambo skrivit ett testamente där det står att jag ska få

bo kvar i bostadsrätten så länge jag vill, om han skulle dö före mig. Är detta testamente giltigt?

Min sambo har någon slags försäkring som säger att hans skulder upphävs om han dör. Innebär testamentet att, om han dör, så får jag bo kvar i bostadsrätten, och att min kostnad i så fall bara blir månadsavgiften?

Jag vore väldigt, väldigt tacksam om du kan hjälpa mig med dessa frågor som ständigt oroar mig.

MVH, Birgitta

– Gå genast till advokat. Ta den kostnaden. Det är värt vartenda öre.

Ta med dig försäkringspappren och en kopia på din mans testamente och fråga: Vad händer om min sambo dör?

För som sambo – med särkullbarn dessutom – kan livet bli ytterst komplicerat när den ena parten dör. Detta trots att ett testamente till synes är skrivet för att garantera att den efterlevande kan bo kvar i deras gemensamma hem och med en hyfsad ekonomi.

Den centrala frågan är: Vad står egentligen i testamentet? En kärnfråga gäller om testamentet är formulerat som en nyttjanderätt eller med det som heter fri förfoganderätt. Även om det är en nyttjanderätt, återstår ändå frågan: Vem ska betala hyra, el, vatten och sophämtning? Du? Eller någon annan?

Med nyttjanderätt får den avlidnes arvingar äganderätten till lägenheten direkt. Är det däremot arv med fri förfoganderätt så blir du ägare till lägenheten.

Men här kommer ändå frågan om bröstarvinges rätt till sin laglott in.

För att du ska få ett korrekt svar anpassat till de exakta omständigheterna för din del så måste du konsultera en jurist.

Fula fiskar

Önskan att kunna sitta kvar i orubbat bo har lockat till sig mindre lustiga element. Läs denna brännande och intressanta fråga här nedan, där man undrar om det finns något juridiskt kryphål som kan användas för att undvika att särkullbarn får ärva direkt efter förälderns död:

Vi är gifta och har båda särkullbarn. Har just läst att vi kan ordna så att våra respektive barn får ut sina arv först när vi båda är döda. Stämmer det?
Inger G

Frågan kom till *M-magasin* i nära anslutning till en annonskampanj i både riks- och regional dagspress och som utlovar en lösning på problemet. Frågan bygger troligen på den annons som en juridisk byrå i Stockholm har haft inne ett antal gånger i olika dagstidningar. Texten antyder att de har svaret och en lösning på denna problematik.

Obs: Annonsen och dess utfästelse gäller gifta par. Inte sambor.

Annonsen anspelar helt uppenbart på rädslan att inte kunna bo kvar när maken/makan är död.

I det samtal jag hade med en för övrigt mycket arrogant jurist på byrån påstod han att det finns en specifik situation med särkullbarn (inom äktenskap) som gör det juridiskt möjligt att inte behöva dela ut arv till särkullbarn direkt efter förälderns död. Han vägrade dock att svara på min fråga om hur om han inte fick betalt.

Annonsen lyder så här:

Särkullbarn

”När Bengt gick bort blev det ett hårt slag. Varken Bengt eller jag hade en aning om att hans barn från förra äktenskapet hade rätt till hälften av bostadsrätten och fritidshuset. Efteråt har jag förstått att vi kunde ha ordnat så att hans barn fick ut sitt arv först när vi båda var borta. Nu har jag fått sälja fritidshuset och flytta från bostadsrätten och tar en dag i sänder.” Ulla 57 år

KONTAKTA OSS FÖR FORTSATT TRYGGT BOENDE
Fri rådgivning per telefon

”Ren bluff och bondfångeri.” Den sågningen och varningen utfärdas av Per Hellsvik, universitetslektor i rättskunskap vid juridiska fakulteten vid Lunds universitet.

”Annonsen gör att folk förleds tro att det finns knep att kunna kringgå lagstiftningen och arvsrätten. Men sådana kryphål finns inte”, konstaterar Per Hellsvik. Han delar reflektionen att annonsen är ett ovanligt fräckt sätt att med vilseledande löften försöka sko sig på människors oro.

”Man kommer inte undan särkullbarnets rätt att få ut minst sin laglott när föräldern har avlidit”, säger Per Hellsvik. Han framhåller att den enda lösningen som gäller är att man gör en skriftlig överenskommelse med särkullbarnet/en om att antingen:

1. Avstå helt från sitt arv.
2. Avstå till förmån för den efterlevande och få ut arvet först när maken/makan också avlidit.
3. Att hoppa över en generation och låta arvet gå till särkullbarnets egna efterarvingar.

Men alla dessa alternativ bygger helt och hållet på formella överenskommelser mellan parterna.

Vem ärver tjänstepensionen när sambon dör?

Hej Birgitta!

Min sambo ställde frågan till sin bankkontakt om jag som sambo automatiskt ärver hans resterande tjänstepension om jag skulle överleva honom. Svaret var ja, men jag ställer mig undrande till detta eftersom sambor inte ärver varandra.

Mycket tacksam för ett svar från Dig!

Hälsningar från en skeptisk sambo

– Du måste absolut kolla om du som sambo står inskriven som förmånstagare till hans tjänstepension. Annars går tjänstepensionen din näsa förbi.

Det är nämligen så här: Pensioner testamenterar man inte. Det är en försäkring och styrs av ett förmånstagarförordnande. Ofta är det standardförordnanden och det är inte alltid som sambo finns med i formuleringarna som förmånstagare.

En sak som också förtjänar att påpekas varje gång det handlar om arv: Precis som du själv påpekar så ärver sambor inte varandra. För att sambor skall kunna ärva varandra krävs ett testamente.

Råd från familjeekonomen

Ann-Sofie Magnusson, under många år Ikanobankens familjeekonom, ger de här råden om samboskap och pensioner:

- Det krävs att man är gift för att ens partner ska få familjepension om den som avlider skulle ha fått sin tjänstepension från ITP 2.
- Barnlösa sambor som omfattas av TGL (Tjänstegrupplivförsäkring) som arbetsgivaren betalar måste anmäla varandra som förmånstagare om man vill att sambon ska få pengarna vid dödsfall.
- När man går i pension kan man inte välja efterlevandeskydd av premiepensionen till sambon om man inte har barn tillsammans.
- För att kunna skänka sin premiepension till sin partner krävs att man är gift, eller lever i ett registrerat partnerskap.

KÄLLA: IKANOBANKEN

Sammanfattning:
Sambo, tänk på detta!

- Skriv samboavtal.
- Skriv testamente. Man kan skriva testamente till förmån för varandra. Men är föräldrarna inte gifta kan barnen alltid få ut sin laglott (= hälften av arvslotten). Laglotten kan man inte testamentera bort.
- Teckna livförsäkring. Det gäller att tänka på att en efterlevande sambo kan tvingas köpa ut barnet, eller barnen, ur bostaden för att de ska få ut sitt arv. Det är inte helt ovanligt att föräldern tvingas sälja huset och flytta för att kunna betala barnen.
- Kolla er försäkringssituation. Skriv in varandra som förmånstagare. Kolla om ni har rätt skydd och att rätt person står som förmånstagare. Förmånstagarförordnande i försäkringar går före testamente. Ett dolt sätt att lura sin partner om man så vill. Man skriver ett testamente, men har en annan person som förmånstagare i sina försäkringar eller pension. Kan bli kalldusch för efterlevande, för gift såväl som sambo.
- Uppdatera löpande alla dokument och förmånstagarförordnanden.
- Pensionsöverföring är en fallucka för sambor. Detta gäller nämligen bara gifta par och registrerat partnerskap. Inte sambor.
- Satsa lika mycket om ni köper en ny gemensam bostad och stå båda två som ägare.
- Spara på kvitton.
- Köp alltid kapitalvaror, som till exempel bil, eller ny bostad tillsammans och se till att båda står på köpekontraktet. ▶

- Foto på det man köpt underlättar också när man ska dela på saker och ting.
- Se till att inte bli utnyttjad ekonomiskt. Gör klart för dig vem som får stå för skulderna vid en separation.
- Vid en bodelning delas värdet på bostaden lika oavsett vem som har betalat vad. Även om båda har varit med och betalat bostaden kan det bli rejält orättvist, till exempel om den ene gått in med kontanter och den andra har tagit ett lån. Skulder räknas nämligen bort innan värdet delas. Vilket i praktiken innebär att den som betalat kontant får vara med och betala den andres lån.
- Dela lika på gemensamma löpande kostnader som mat och hyra.
- Öppna gemensamt konto där båda sätter in pengar som kan användas till gemensamma utgifter. Om ni har gemensamt konto måste båda stå som kontoinnehavare eftersom det annars inte ingår vid en bodelning.
- Öppna även eget sparkonto i eget namn för eget bruk.
- Råd vid en separation: Gör bodelning direkt för att undvika framtida problem, samt ändra testamente och förmånstagarförordnanden direkt.
- Kan man inte komma överens om bodelningen kan man vända sig till tingsrätten och begära att en bodelningsförrättare utses.

KÄLLOR: SYDSVENSKAN, M-MAGASIN, IKANOBANKEN, TT, KONSUMENTVERKET, SEB, DANSKE BANK, NORDEA, HQ BANK, SPARBANKEN FINN, HANDELSBANKEN, KAUPTING, CARNEGIE.

Kapitel 10

Barn och pengar

Dyrgrip värd god placering

Vad sägs om en nappflaska av prestigemärket Armani för 250 kronor? Lagret såldes i ett nafs. Eller en finklänning av samma märke åt niomånadersbabyn för runt en tusenlapp? En märkesdunväst för ungefär 1 500 kronor åt ettåringen? Okej, den är vändbar, men i alla fall. Många köper.

Barn är dyrgripar. Barn är dyrt.

Tro mig, det finns föräldrar som pungar ut 12 000 kronor för en barnvagn åt sin älskling. Alla vagnar är inte så dyra. 40-talisterna håller inte heller inne med pengarna. Deras syn på konsumism och materialism har möjligen kantrat en aning sedan 60-talet, åt det mer tillåtande hållet. Min egen erfarenhet är att den gruppen lätt "shoppar ihjäl sig" till sina barnbarn. De köper fler, dyrare och finare grejor än föräldrarna gör till sina ätteläggar.

Om detta köpmönster vittnar även Maria Liljegren som nyligen öppnat barnklädaffär med lite mer exklusiva barnkläder och tillbehör i Limhamn.

"Jag blev förvånad när det visade sig att det är far- och morföräldrar som köper mest och dyrast. De köper finare saker. Inte så praktiska", säger hon som bekräftelse.

Det finns enligt Statistiska Centralbyrån (SCB) 2,2 miljoner barn i Sverige mellan 0 och 19 år. Den typiska familjen består av mamma, pappa och två barn.

Ett barn kostar drygt 1 miljon kronor fram till nittonårsdagen. För två barn blir den sammanlagda kostnaden 1,8 miljoner kronor. Det första levnadsåret är dyrast. I genomsnitt kostar det 78 000 kronor. Allt enligt Swedbanks beräkning om vad ett barn kostar och som presenterades i juni 2009. För nyblivna småbarnsföräldrar kan den kostnadsbilden förhoppningsvis fungera som en viktig varningsklocka: "Håll i pengarna, de ska räcka till mycket."

SCB uppskattar att 54 % av alla barn under nitton år lever med föräldrar som är gifta, cirka 20 % lever med en ensamstående förälder och runt 26 % med föräldrar som är sambos. Mellan 46 000 och 47 000 barn per år upplever att deras föräldrar separerar. SCB-statistik visar också att risken för separation är dubbelt så hög i gruppen sambos som bland gifta par. Vad har nu dessa uppgifter för betydelse i sammanhanget? Jo, det är lättare att klara utgifterna tillsammans än i två separata hushåll. Enkel matematik: Två hushåll är dyrare än ett gemensamt.

Hur hanterar man då denna ekonomiska verklighet? Vad finns på plussidan, förutom kärleken till ens barn? Vad finns för tillgångar, förutom barnen själva? Vad finns för möjligheter till både kostnadskontroll och tillväxt? Det finns ett antal faktorer att laborera med:

- Barnbidrag.
- Studiebidrag.
- Gåvor från släkt och vänner.
- Givmilda far- och morföräldrar som vill spara till sina barnbarn.
- Barnets eget extraknäck på sommaren eller under loven lite uppåt i åldrarna.
- Loppis att sälja barnens grejor på i takt med att de växer ifrån sina leksaker och älsklingsprylar.
- Blocket och Tradera att använda som billig marknad för både inköp och försäljning.
- Tipsa barnen att små utgifter sammantaget blir stora. Lär dem räkna ut vad en fika, en espresso, en kaffe-latte varje dag kostar. För att inte tala om dyrt vatten i ”köpeflaska” och vad snuset och gymkortet kostar.
- Låna på bibilioteket istället för att köpa nya böcker.
- Hyr videofilm med kamraterna istället för dyra biobesök.
- Se över olika avtal som el-, mobil-, bredbands- och digitalteveavtal. Det finns tusenlappar att spara på att slopa dyrköpta tjänster och kanaler.
- Skaffa kontantkort till mobilerna.
- Pruta oftare än du tror är möjligt.
- Köp på rea, jämför priser, köp second-hand istället för nytt. Utnyttja rabatter.

- Gör upp en budget så att du själv ser vart pengarna går.
- Sätt upp ekonomiska ramar för tonåringen.
- Använd banken och finansmarknaden som långsiktig sparbössa.
- Vid val av bank åt din tonåring: Jämför bankernas baspaket för banktjänster, med konto, kort och sparande för ungdomar. Titta på innehållet och om tjänsterna som ingår är avgiftsfria.

Barnbidraget, som sammantaget uppgår till 12 600 kronor per år (2009), kan användas som sparkapital – om man har råd att undvara dessa pengar. Sammantaget får du 230 100 kronor i bidrag (räknat på dagens bidragsnivåer) för ett barn fram till 19-årsdagen. Enligt en rapport från Länsförsäkringar sparar 70 % av alla föräldrar åt sina barn. Det genomsnittliga beloppet är 3 800 kronor per barn och år. Men här gäller det att verkligen se upp. Välj noga. Bankerna och finansinstituten älskar denna kundgrupp. Gissa varför?

Det finns massor att tjäna på avgifter på ett nära tjugo år långt sparande i exempelvis fonder. Varning alltså för fonder med höga avgifter. Det finns risk för att det i ett långt perspektiv kan bli ett dyrt sparande för barnens räkning.

Hur väljer man då? I ett tjugoårigt perspektiv bör man snegla på aktiemarknaden. Själv lutar jag åt att sätta ett sådant sparande åt barnbarn i en aktieindexfond, med fast summa varje månad via autogiro i en fond utan avgifter. Sådana finns inte bara hos nätbankerna numera, utan även hos traditionella banker. Ring runt och kolla. Fråga banken hur stor totalkostnadsandel (TKA) din fond har. Det är ett mått på hur stor årlig avbränning du har på sparkapitalet.

Ett annat alternativ är att köpa en portfölj med investmentbolag, vilket ger dig aktiv förvaltning till låg kostnad. Det är möjligt att du vill ta en högre risk med ditt sparande till barnen – i alla fall i början av perioden – för att chansa på en högre avkastning. Men för den som vill slippa hålla ständig koll på finansmarknaden och ändra placeringen i takt med svängningar på fondmarknaden är valet indexfond ett bra alternativ.

Mycket att tänka på. Bästa lösningen: Fråga alltid efter kostnad och alternativ hos många aktörer.

Eget ansvar

Du kan också låta barnet vid en viss ålder få ta eget ansvar för sitt barnbidrag. Låt dem dessförinnan i sex-, sjuårsåldern ha fått tjuvträna på att föra kassabok på veckopengen, en kul uppgift för den som just lärt sig räkna och skriva.

Vid vilken ålder barnet är moget att själv hantera hela barnbidraget varierar. Du kan låta fjortonåringen (om du vågar) få ta över hela bidraget och sedan själv få bekosta sina inköp och behov. Det är inte fel att samtidigt föreslå att en viss summa ska sparas varje månad. En kollega till mig berättade att när hon lät sin fjortonåring ta över sitt barnbidrag så sjönk den totala hushållskostnaden för barnet. Låter nästan för bra för att vara sant, men det visar att ökat ansvar gör att människor växer. Detta förtroende mellan förälder och barn ger också en tidig insikt om pengar och pengars värde. En praktisk lektion i privatekonomi från barnsben kan man kanske säga.

Lämplig vecko- eller månadspeng

Ålder	Veckopeng	Månadspeng
7 år	25	100
8 år	25	100
9 år	30	120
10 år	35	140
11 år	40	160
12 år	55	220
13 år		350
14 år		500
15 år		650

KÄLLA: IKANOBANKEN

Genomsnittlig månadspeng 16–19 år

Ålder	Genomsnittlig månadspeng
16	1 000 kr
17	1 050 kr
18	1 050 kr
19	1 050 kr

KÄLLA: INSTITUTET FÖR PRIVATEKONOMI

Sammanlagda kostnader för barn 0–18 år

Kostnader, kr	1 barn	2 barn
Bostad	184.000	367.000
Nödvändiga levnadskostnader	538.000	1.077.000
Barnomsorg	102.000	162.000
Utrustning	36.000	57.000
Föräldraledighet	50.000	100.000
Vårda av sjukt barn	12.000	23.000
Fritidsaktiviteter	35.000	70.000
Vecko-/månadspeng	42.000	84.000
Födelsedagspresenter, julklappar	38.000	76.000
Större bil	228.000	252.000
Klassresor, presenter till kompisar mm	13.000	25.000
Total kostnad	1.278.000	2.293.000
Intäkt barn-/studiebidrag	233.000	487.000
Totala kostnad netto	1.045000	1.806.000

KÄLLA: SWEDBANK

Frågor till M-magasin

Bör mambos betala för sig till sina föräldrar och i så fall hur mycket i månaden?

– Vet du att föräldrar inte har någon skyldighet att försörja barn som gått ut gymnasiet? Det betyder att barn, som bor kvar hemma efter skolgången och som har regelbundna inkomster, rimligen bör betala för sitt uppehälle. Konsumentverket är bra på att räkna ut saker och ting. Exemplen gäller en tjugoårig man och kvinna som bor i en mellanstor stad. Föräldrarnas hushåll omfattar fyra personer i en lägenhet på fyra rum och kök. Den egna bostaden – som kostnadsjämförelse – består av två rum och kök.

Utgifter som hälso-/sjukvård, semester och sparande finns inte med i beräkningen. Konsumentverkets beräknade kostnader per månad är en prognos för 2009:

En 20-årig kvinna som bor själv har en månadskostnad på 11 670 kronor. För en 20-årig man är månadskostnaden enligt Konsumentverkets beräkning 11 970 kronor.

Sammantaget visar detta att en 20-åring, som bor kvar hemma hos föräldrarna, kapar sina kostnader för eget boende med drygt 4 000 kronor i månaden. Vilket alltså är en lämplig summa att betala till mamma/pappa för deras utlägg.

Hej Birgitta!
Jag vet inte om jag kan fråga om något som redan har varit tema i tidningen (och därför inte ska in dit igen) – men vi behöver ett tips och kan inte hitta den gamla tidningen.

Saken är den att vi har sju barnbarn från 11 till 1 år, och sätter varje år av 2000 kronor till varje barn. Först hade vi fonder, men olika för vart barn, och det blev ju orättvist (några gick dåligt, andra jättebra). Därför ändrade vi det förra året och har nu sparkonto eller förmånskonto.

Men det ger ju usla räntor. Så vi har tänkt ändra igen. Tyvärr är både jag och min man totalt okunniga (och ointresserade) av dessa frågor och kan säkert bli lurade att göra nåt dumt!

Synd för våra barnbarn.

Kort sagt: Kan vi spara till dessa våra kära på ett bra och säkert och vinstgivande sätt? Finns det ett sätt att låta oss ha kontroll över pengarna?
Med vänlig hälsning
Bente

– Denna kära och återkommande fråga som inte är så lätt att svara på. Det kommer hela tiden nya sparformer. Nu kommer också en lågkonjunktur som gör det ännu svårare att hitta rätt.

Dessutom går det mode i vissa sparformer som kanske inte alls är lika bra som marknadsföringen utlovar. Många produkter är mycket svåra att analysera; vilka avgifter och kostnader och vilken tillväxt de olika förslagen erbjuder och hur dessa påverkar avkastningen.

Grunden för hur man ska spara bör vara:

- Du ska förstå vad du köper.

- Ett långsiktigt sparande ska inte belastas med höga avgifter. Höga avgifter kommer på lång sikt att äta upp en inte föraktlig andel av avkastningen på ditt sparande. Tänk på att avgiften tar allt mer av totala kakan i takt med att kapitalet växer. Omvänt lika illa: Råkar kapitalet sjunka så ligger ju avgiften kvar och tar sin andel av en krympande besparing.

- Se helst till att hitta sparformer som är avgiftsfria eller har mycket låga avgifter.

- Sedan kommer trolleritricket att hitta sparformer med förhoppningsvis långsiktigt god tillväxt. Här gäller det att själv göra sig besväret att leta och fråga sig runt bland olika sakkunniga. Kolla hos flera banker och finansinstitut så ska du se hur olika råden blir. Ett sätt att hitta uppgifter om olika fonder är att gå in på sajten morningstar.se. Eller varför inte knappa in dig på någon av nätbankerna som Avanza och Nordnet eller Skandiabanken som konkurrerar med de traditionella bankerna med förmånliga sparformer.

- En kapitalförsäkring utan avgift – och sådana finns bland annat hos nätbankerna – kan vara ett alternativ. I den kan man då lägga en mix av olika långsiktiga fonder med historiskt belagd god avkastning. Det finns mycket att välja på. Allt mellan globalfonder, indexfonder, bricfonder och olika typer av aktiefonder. Välj bort fonder med höga avgifter. Tänk på att spartiden för ett barnbarn är lång och därmed medger även ett visst riskmoment; som att satsa i rena aktiefonder. En sparmix som innehåller även investmentbolag är inte så dumt. En blandning av hög och låg risk och global spridning brukar vara det gängse rådet. En fiffighet med kapitalförsäkring är att du fritt, utan att behöva skatta för vinsterna, kan byta ut fonder och stuva om ingredienserna och därmed ändra risknivån både uppåt och neråt under spartiden.

- Det finns dock en hake. Fondkapitalförsäkring – kapitalförsäkringar – kräver en uppåtgående marknad (varje år) på grund av den kostnadsstruktur som finns i försäkringen, det vill säga en beskattning, som visserligen är mycket låg, runt 1 % (2009), men som tas ut varje år oavsett uppgång eller nedgång av kapitalet. En kapitalförsäkring passar mindre bra om man har ett innehav med låg avkastning och som bara "ligger". Det gäller att ha regelbunden koll på utvecklingen.

- Med alternativet försäkringslösning i ert eget namn ska ni sätta in barnbarnet som förmånstagare. I en försäkring kan man även skriva att beloppet ska utgöra enskild egendom.

- Det går ju också bra att öppna en särskild depå i en nätbank, eller i en traditionell bank, och spara utan försäkringsmomentet. Var alltid noga med att få en klar bild över de faktiska årskostnaderna.

- Om du själv vill ha full koll: Spara i eget namn och koppla sparandet till ett testamente där det framgår att arvet skall utgöra barnbarnets enskilda egendom.

- Om man väljer samma sparande till alla barnbarnen blir ingen missgynnad. Banken kan hjälpa till att skriva "villkorade gåvobrev" så att barnen inte kommer åt pengarna förrän vid en viss ålder, inte heller barnens föräldrar.

- Tänk först och välj sedan. Och först när du själv är förvissad om att valet är rätt.

Kapitel 11

Livets stege

Är det någon som minns det oljetryck från förra sekelskiftet – en trappstege uppåt och sedan utför – som föreställer livets olika faser? På första trappsteget: ett spädbarn. På piken: ett stadgat par i femtio plus-åldern. På nedersta trappsteget: liten böjd gumma och gubbe med käpp.

Glöm den schablonen. Idag kan det vara fullt sving på rullatorn även på sista trappsteget före ättestupan.

Under resan dit finns det massor av sätt att försäkra sig mot allt från olyckor, fattigpensionstillvaro, oförmåga att betala sitt bolån, otillgänglig sjukvård, till trasiga bilar och mobiler, floppade semestrar såväl som utslitna kroppsdelar. Men lätt att hitta rätt? Nej, det är det inte.

Samhället erbjuder inte ett heltäckande skyddsnät för varje individ. En bra livlina är att alltid spara till en buffert som exempelvis klarar utgiften för ett trasigt kylskåp, en trasig bil eller en trasig tand. Utgå från: Ju större familj, desto större buffert.

Försäkringsbolagen är uppfinningsrika och snabba att nischa in sig med nya produkter. Var sparsmakad. Välj noga. Specialförsäkringar är i regel onödiga och gör köpet dyrt. Men att avstå från olycks- och livförsäkring kan bli ödesdigert.

Ålderstrappan visar tips på trygghetslösningar vid olika tidpunkter i livet.

STEG 1 – Baby

Teckna barnförsäkring. Om ett barn drabbas av en svår sjukdom eller olycka kan en barnförsäkring ge ett värdefullt ekonomiskt tillskott. Det finns även gravidförsäkringar.

Har ni möjlighet ska ni månadsspara, kanske barnbidraget, för barnets framtid.

STEG 2 – Barn

Ge barnet veckopeng och sedan månadspeng. Det finns inga regler, men summorna i tabellen på sidan 248 är vanliga belopp, om barnet dessutom ska spara lite själv. Ge dina barn samma förutsättningar om ekonomin tillåter. Har du inte möjlighet, berätta varför.

STEG 3 – Äldre tonåring

Barnet blir myndigt och bestämmer själv över sparkonton i eget namn. Det innebär att en artonåring fritt kan sätta sprätt på hela sparbeloppet som föräldrarna gnetat ihop till honom/henne. Vill du undvika det kan du spara i förälders namn i stället. Glöm dock inte att i ett testamente eller villkorat gåvobrev skriva att pengarna ska tillfalla barnet.

STEG 4 – Flytta hemifrån/student

Barnförsäkringen gäller vanligen fram till tjugofem års ålder. Därefter kan det vara idé att teckna olycksfallsförsäkring.

Hemförsäkring bör man ha även för första bostaden, även om det är ett studentrum. I hemförsäkringen finns oftast en reseförsäkring som täcker resor upp till fyrtiofem dagar. Många unga reser mycket och är ofta borta längre tid än fyrtiofem dagar. Då är det mycket viktigt att ta en extra reseförsäkring som gäller efter de första fyrtiofem dagarna.

Köper du en bostadsrätt behöver du ha en tilläggsförsäkring för bostadsrätten.

Studielånet är fördelaktigt jämfört med många andra lån men det ska betalas tillbaka det också. Låna inte mer än du absolut behöver. Kompletterar du studierna med arbete får du bättre ekonomi, fler kontakter och arbetslivserfarenhet.

STEG 5 – Jobb

Ta reda på vilka trygghetsförsäkringar din arbetsgivare erbjuder. Om inte kollektivavtal finns kan du behöva teckna en sjukförsäkring och tidigt börja spara själv till pensionen. Teckna arbetslöshetsförsäkring.

Har du inte buffertsparat tidigare så börja nu. Den här typen av sparande passar bäst på ett sparkonto med autogiro som drar pengar månadsvis, samt med så hög ränta som möjligt, utan uttagsavgift och med statlig insättningsgaranti.

STEG 6 – Äktenskap och barn

För att trygga varandra kan det vara idé att teckna varsin livförsäkring med varandra som förmånstagare. Vid ett dödsfall faller försäkringen ut till förmånstagaren som då kan använda det utfallande beloppet till att lösa ut särkullbarn eller lösa bolån och att ha som hjälp i andra ekonomiska åtagande. Om man har små barn att försörja kan en livförsäkring vara avgörande för om man klarar av att behålla familjens ekonomiska standard.

Hemförsäkring ersätter skador på ditt lösöre. Dessutom ingår ansvars-, rätts- och överfallsskydd. Som regel ingår också ett reseskydd under 45 dagar. Är du borta längre kan du ta en separat reseförsäkring.

Äger du en bostadsrätt bör du teckna en tilläggsförsäkring.

Villa/hemförsäkring ger samma skydd som hemförsäkringen, samt ersätter skador på byggnad och tomt.

Fritidshusförsäkring ger skydd för skada på byggnad och tomt. Glöm inte att försäkra lösöret i fritidshuset.

Allrisk-, oturs- och hemplusförsäkring kallas de tilläggsförsäkringar till hemförsäkringen som ger ett utökat skydd för din egendom. Allriskförsäkringen kan även tecknas för särskilt värdefulla saker som du brukar ta med dig utanför hemmet t ex musikinstrument, smycken och pälsar.

Motorfordonsförsäkring. Trafikförsäkring är obligatorisk för bland annat bil, mc och moped. Helförsäkring ersätter även skador på det egna fordonet vid exempelvis dikeskörning.

Båtförsäkring kan bland annat omfatta ansvars-, brand-, sjö-, transport-, uppläggnings-, ansvars- och rättsskyddsförsäkring.

Djurförsäkring kan ersätta veterinärkostnader och kan också innehålla en livförsäkring för djuret.

STEG 7 – Skaffa hus

Köp inte dyrare hus än ni klarar av. Följ räntemarknaden och dela eventuellt upp huslånet i tre delar. Då kan ni ha en del rörligt och två delar bundna på olika tider. Det kan bli dyrare än att ha hela beloppet på rörlig ränta men kännas tryggare. Det kan vara idé att öppna särskilt sparkonto för att klara en eventuell ränteuppgång.

Amortera och spara. Har allt sparande gått till kontantinsatsen kanske ni kan ta amorteringsfritt ett par år och bygga upp en ny buffert.

Teckna livförsäkring med varandra som förmånstagare. Utgifterna är visserligen stora nu men händer något med någon av er måste den övriga familjen klara sig. Ju tidigare i livet ni tecknar livförsäkring, desto lägre premier.

Har ni inte börjat pensionsspara tidigare är det dags nu. Somliga börjar redan när de är unga och det är inte fel. Fördelen med att börja tidigt är att man då inte behöver sätta undan någon större summa för att det ska öka rejält.

STEG 8 – Pensionär

Se över riskerna i ert pensionssparande. Flytta riskfyllt sparande till säkrare alternativ så att pengarna finns där när ni vill börja använda dem.

Kom ihåg att efterlevandeskydd och grupplivförsäkringar ofta upphör när du fyllt 65. Kolla upp hur din partner klarar sig om du avlider först.

Har du problem med att klara dig på pensionen men har amorterat mycket på bolånet kanske du kan låna med boendet som säkerhet? Det finns också särskilda seniorlån.

Gå tidigt i pension? Fatta aldrig ett sådant beslut utan att först ha pratat med Pensionsmyndigheten så att du vet hur pensionen påverkas. Tumregeln för den allmänna pensionen är att den ökar med cirka 15 % för varje år man arbetar efter 65 års ålder – och att den minskar med cirka 10 % för varje år man går före 65 års ålder.

Tjänstepensionen ITP ökar också ju längre man arbetar även om det inte är fullt lika tydligt. Generellt gäller att det är bättre att vänta med pensionen till en månad efter att man fyllt 62 år.

KÄLLOR: KONSUMENTERNAS FÖRSÄKRINGSBYRÅ, SYDSVENSKAN, EVA ADOLPHSON/ PENSIONSEKONOM ALECTA, ANN-SOFIE MAGNUSSON/FAMILJEEKONOM IKANOBANKEN, GUNILLA NYSTRÖM/PRIVATEKONOM SEB.

Ett stort tack

För ordningens skull vill jag framhålla att alla svar på läsarfrågorna till *M-magasin* och till *Sydsvenskan* har passerat och faktakollats av mitt expertbollplank, som består av bankjurister, placerings- och försäkringsexperter, samt licensierade privatrådgivare. I denna grupp ingår: Danske Bank/Provinsbanken Skåne, Handelsbanken, HQBank, Nordea, SEB, Sparbanken Finn/Lund, Carnegie, Kaupting, numera Ålandsbanken, Ikanobanken, Avanza Bank samt Försäkringskassan. Där arbetar kvinnor och män med fackkunskap som jag löpande under årens lopp kontaktat i skiftande sakfrågor i det förarbete som i journalistkåren kallas för research.

Det är många kompetenta krafter som på olika sätt bidragit till denna bok.

Den som inspirerat mig att skriva den är chefredaktören Amelia Adamo, som skapade *M-magasin* och som gett mig insikt om det stora behovet av vägledning, uppmuntran och stöd i privatekonomiska frågor och investeringsbeslut. Stort tack till Amelia Adamo för hennes nytänkande, inspiration och proffsiga omvärldsanalys.

Stöd och uppmuntran från andra journalistkollegor, inte minst på *Sydsvenskan*, har också betytt mycket. Säkra och osentimentala argusögon har både textgranskat och kommit med kul idétillskott.

Ett varmt tack vill jag rikta till Emma Leijnse, som under skrivtiden var biträdande inrikeschef på *Sydsvenskan*, för hennes säkra och kompetenta ögon och vars intressanta infallsvinkel på pensionerna – "Vad händer om jag skiter i allt?" – satte fokus på den problematiken.

Lika varmt tack till min kollega Sara Håkansson, konsumentreporter på samma tidning, för hennes friska, fräcka reflektion om lån och räntor och till ytterligare en Sydsvenskankollega, Kristin Nord, som lagt tid och sin kompetens på att nagelfara texterna.

Särskilt tack vill jag också rikta till några personer som tålmodigt ställt upp som faktagranskare, många år före och även under bokens framväxt:

Carin Pärnamets, chef Privatmarknad Finanscenter Syd på Danske Bank, samt Gunilla Rimton, chef för Private Banking region Öresund på Nordea förtjänar stort tack för sina kompetenta bistånd med fakta till boken.

Även deltagare i Sydsvenskans numera nedlagda placeringspanel står som garant för faktainnehållet i svar som är publicerade i denna bok. I den gruppen ingår, förutom Carin Pärnamets, hennes kollega på samma bank, Anders Törnqvist, Anders Haskel, då chef för HQ Bank i Malmö, nu fristående finansanlytiker, Thomas Jacobson och Maria Andersson på Handelsbanken, Gunilla Rimton på Nordea, Ulrika Nilsson och Anne-Charlotte Ardermark på SEB, Jonas Rosengren på Carnegie, Elisabeth Bengtsson på Sparbanken Finn i Lund och Malin Grotte på Ålandsbanken.

Utanför denna panel vill jag nämna familjeekonomen Ann-Sofie Magnusson på Ikano Bank som är en outtömlig faktakälla om allt från fickpengar till pensioner.

En annan privatekonom är Claes Hemberg på Avanza Bank som inte heller han blir svaret skyldig.

Kerstin Holst, informatör på Försäkringskassan, finns också med bland de ämnesspecialister som på olika sätt bidragit med sin kompetens.

Viktigt att lyfta fram är också den inspiration jag fått och får av kollegor även i andra medier med särskild inriktning på privatekonomiska frågor.

Ordlista

- VANLIGA BEGREPP I BANK- OCH FINANSSAMMANHANG

KÄLLOR: FINANSPORTALEN.SE

KONSUMENTERNAS BANK- OCH FINANSBYRÅ: KONSUMENTBANKBYRAN.SE

A

Ackord

Överenskommelse mellan en gäldenär och en borgenär att dessa godtar ett lägre belopp än den egentliga skuldsumman som full betalning för sina fordringar eller bevilja anstånd med betalningen.

Aktie

Ägarandel i aktiebolag. En aktie är en ägarandel i ett aktiebolags kapital. Ägaren till en aktie har rätt att delta och rösta på bolagets stämmor och få del av bolagets utdelning. Det finns olika sorter av aktier t.ex. A-, B-, C-, preferens- och stamaktier. Aktier kan öka och minska i värde.

Aktiebolag

Ett aktiebolag är en självständig juridisk person, vilket innebär att det är bolaget – inte ägarna – som är bundet av avtal och som ska betala alla skulder. Därför riskerar aktieägarna normalt inte att förlora mer än det satsade aktiekapitalet om företaget inte kan betala skulderna. Det finns två former av aktiebolag, privata och publika. De privata måste har minst 100 000 kronor i registrerat aktiekapital. De publika aktiebolagen måste minst ha 500 000 kronor i registrerat aktiekapital. Ägandet av företaget sker genom fördelning av aktier. Endast publika (börsnoterade) aktiebolag får erbjuda allmänheten att köpa akter i bolaget.

Aktiefond

En fond som är öppen för ett obegränsat antal delägare att köpa andelar i. Fonden äger främst aktier (minst 75 % av förmögenheten i aktier) Men kan också äga andra värdepapper såsom räntebärande papper och derivat med mera.

Aktieindex

Index som visar den genomsnittliga aktiekursutvecklingen. Kursnivån varje dag anges i relation till nivån en viss startdag.

Aktieindexlån

Obligationslån där avkastningen är kopplad till ett aktieindex.

Aktieindexobligation (aktieobligation)

En obligation vars avkastning är knuten till ett eller flera aktieindex.

Aktieklubb

En sammanslutning som förvaltar medlemmarnas pengar genom att placera dem i aktier.

Aktieportfölj

Brukar man kalla dom aktier en privatperson eller ett företag äger och förvaltar.

Aktiespararna

Sveriges Aktiesparares Riksförbund. En organisation vars syfte är att bevaka de svenska aktieägarnas intressen.

A-listan (numera Large Cup)

Den mest "prestigefyllda" listan på Stockholmsbörsen. Kraven är höga på de bolag som listas där. Bland annat krävs minst tre års verifierbar historia, minst 2 000 ägare som vardera äger en handelspost samt en tillfredsställande spridning av aktiekapitalet och rösterna i bolaget.

Allemansfond

Var fram t.o.m. 1996 ett skattegynnat aktiefondsparande.

Allemanssparande

Sparform där de sparade pengarna överförs från banken till Riksgäldskontoret. Sparformen upphörde den 30 juni 1998.

Allmän försäkring

Samlingsnamn för sjukförsäkring, föräldraförsäkring, folkpension och försäkring för tilläggspension. Som allmän försäkring är även frivillig sjuklöne- och pensionsförsäkring anslutna. Den allmänna försäkringen sköts av Riksförsäkringsverket, Försäkringskassan och andra lokala organ.

Allmän pensionsavgift

En avgift som betalas på inkomst av anställning eller av annat förvärvsarbete.

Allmänna Reklamationsnämnden, ARN

ARN är knuten till Konsumentverket och lämnar rekommendationer till lösningar av tvister mellan konsumenter och näringsidkare.

Amortering

Avbetalning på skuld.

Amorteringsbelopp

Det belopp med vilket man (ofta regelbundet t.ex. en gång i månaden) betalar av på en skuld.

Amorteringsplan

Plan för hur ett lån ska återbetalas (jfr Avbetalningsplan).

Annuitetslån

Lån som återbetalas med konstant belopp under lånets löptid. Räntan är högre i början av återbetalningstiden för att sedan sjunka i takt med att lånet amorteras ned. Det belopp som amorteras på lånet ökar i motsvarande grad. Ett lån som är upplagt så att summan av ränta och amortering är lika stor vid varje delbetalning. Dvs. man betalar en fast månadskostnad.

Anskaffningsvärde

Det pris som t.ex. en fastighet eller en aktie hade vid tidpunkten för köpet/förvärvet.

Arbetslöshetsförsäkring

En försäkring som medför rätt till ersättning vid arbetslöshet på bestämda villkor. Handhas av erkända arbetslöshetskassor. De som är medlemmar i dessa kassor berörs av skyddet.

Autogiro

Ett sätt att automatiskt betala regelbundet återkommande räkningar. Pengarna dras automatiskt från ett på förhand bestämt konto.

Avbetalningsplan

Upprättas ofta när den betalningsskyldige har misskött sina betalningar (jfr amorteringsplan).

Avdragsrätt

Rätt för den som ska redovisa moms att dra av ingående moms på inköp för verksamheten.

Avkastning

Intäkter minus kostnader under ett år, uttryckt i kronor eller i procent av den totala tillgången. Utbytet av en insats, t.ex. räntan på ett sparkonto eller utdelningen på aktier.

Avkastningsfond

En räntefond som äger obligationer och andra skuldebrev till ett värde som överstiger en fjärdedel av fondförmögenheten. Kallas ibland obligationsfond, räntefond eller penningmarknadsfond.

Avräkningsnota

Specifikation av sålda eller köpta värdepapper med uppgift om det belopp som säljaren/köparen - efter courtage - skall erhålla eller betala. Handling som upprättas vid köp eller försäljning av aktier och andra värdepapper.

Avtalspension

Kollektivavtalad tjänstepension. Pension som arbetsgivaren betalar för anställds räkning.

B

B-aktie

Brukar vara röstsvagare än A-aktier. Innehavaren av en B-aktie har vanligtvis 1/10 röst i bolaget. I övrigt är det ingen skillnad.

Baisse

En börstendens som kännetecknas av kraftigt sjunkande kurser under hög omsättning. Kraftig nedgång, kursfall på värdepapper – motsats till hausse.

Bank

Ett kreditinstitut som finansierar sin verksamhet till exempel genom inlåning från allmänheten. Bankerna i Sverige står under tillsyn av Finansinspektionen. I Sverige finns bankaktiebolag (affärsbanker) och sparbanker.

Bankfack

Låsbart utrymmer i bank som hyrs ut för förvaring av värdepapper, värdesaker m.m.

Bankgaranti

En form av borgen som en bank ställer för en persons eller ett företags kredit gentemot tredje person. Bankgarantin har en mycket viktig betydelse vid utlandsaffärer och upplåning utomlands..

Bankgiro

Ett system för överföring av betalningar.

Banksekretess

Innebär att anställda i banken har tystnadsplikt och inte får avslöja för obehöriga vilka förhållanden en kund har till banken.

Basbelopp

Av regeringen årligen fastställt belopp som ligger till grund för uträkningen av folkpension och studiemedel m.m. Fastställs en gång om året och speglar prisnivåns förändringar

Betalkort

Plastkort som ges ut av banker (kallas då vanligen bankkort) eller butikskedjor. Vid betalning med kortet debiteras antingen det bankkonto som kortet är knutet till eller också faktureras innehavaren. Inköp skall då betalas samma månad eller månaden efter det att inköpen gjordes.

Betalkurs

Det pris till vilket en värdepappersaffär genomförts.

Betalningsanmärkning

Får man när kronofogden eller domstol har fastställt betalningsskyldigheten för en obetald skuld. En betalningsanmärkning finns registrerad i tre år och kvarstår även om skulden betalas.

Betalningsföreläggande

Kan t.ex. en kreditgivare ansöka om hos kronofogden om en låntagare inte betalar sina förfallna skulder. Ett bevis på att ett ekonomiskt krav är riktigt.

Betalningsförmedling

Överföring av betalningsmedel.

Betalningsplan

Vid en skuldsanering ska en betalningsplan fastställas. Planen löper normalt under fem år och ur den kan man läsa när och med hur mycket borgenärerna ska ha betalt av gäldenären.

Betalningspåminnelse

En uppmaning från exempelvis en kreditgivare att betala en förfallen fordran.

Blancokredit / Blancolån

Lån utan säkerhet. Kredit utan speciell säkerhet.

Blandfond

En fond som investerar både i aktier och räntebärande värdepapper.

Hur fördelningen är mellan aktier och räntepapper framgår av fondbestämmelserna.

Blankning

Blankning är en spekulation i kursnedgång. Det innebär att man lånar värdepapper och säljer dem. Sen köper man tillbaka värdepapperna till ett förhoppningsvis lägre pris och återlämnar dessa till ägaren. Vinsten eller förlusten blir då mellanskillnaden mellan säljkursen och köpkursen. Försäljning av värdepapper som säljaren inte själv äger utan har lånat.

Bokslut

Ett avslutande av alla konton i bokföringen och ett sammanställande av tillgångar och skulder i en balansräkning vid slutet av redovisningsperioden samt av intäkter och kostnader under denna i en resultaträkning.

Boom

Snabb ekonomiskt uppsving.

Borgen/Borgensförbindelse

Det avtal som upprättas mellan borgensman (-män) och kreditgivare och där det framgår vilken omfattning borgensåtagandet har, t.ex. solidarisk borgen Att gå i borgen för någon är att ta på sig ansvaret för någons skulder. Ett löfte av en eller flera fysiska eller juridiska personer att betala en skuld för någon annan om denne inte betalar

Borgensman

Person som gått i borgen för någon. (Inte att förväxla med borgenär.)

Borgenär

Den som lånat ut pengar. Motsats till gäldenär. Inte att förväxla med borgensman.

Boräntor

Räntan på bolån.

Bostadsinstitut

Benämning på de hypoteksinstitut som mot säkerhet av pantbrev i fastighet lämnar fastighetslån och byggnadskrediter.

Bostadsrätt

Den rätt som enligt lag en medlem i en bostadsrättsförening har att mot betalning utan tidsbegränsning nyttja ett hus eller en del av ett hus som ägs av föreningen.

Bostadsrättsförening

En ekonomisk förening som tillhandahåller bostäder åt medlemmarna.

Botteninteckning

Inteckning med bästa förmånsrätt i den intecknade egendomen.

Bottenlån

Bostadslån som har pant med bästa säkerhet i bostaden. I egel inom 75 % av pantvärdet. Ofta lån som lämnas av hypoteksinstitut (jfr Topplån).

Bottenlån/hypotekslån

Bostadslån som har pant med bästa säkerhet i bostaden. Ofta lån som lämnas av hypoteksinstitut (jfr. topplån).

Bouppteckning

En genomgång som dödsboets delägare gör av den avlidnes och den efterlevandes tillgångar och skulder och den handling som då upprättas.

Budget

En ekonomisk plan för beräknade inkomster och utgifter under en viss tidsperiod. En balanserad budget är således att inkomsterna är lika stora som utgifterna.

Bundet lån

Lån som inte kan sägas upp förrän efter ett överenskommet datum. Oftast är även räntesatsen bunden under viss tid, så kallad fast ränta.

Vanligen menar man ett lån, oftast för bostadsändamål, vars ränta är bunden under angiven villkorsperiod.

Bundet sparande

En sparform där sparbeloppet inte får eller kan betalas ut till spararen före avtalad tidpunkt.

Börs

Marknad för handel med värdepapper såsom aktier (fondbörs), varor (varubörs), eller valutor (valutabörs).

Börsbolag

Bolag som har aktie inregistrerad vid Stockholms Fondbörs.

Börsintroduktion

När ett aktiebolag ansöker om notering av bolagets aktier på en marknadsplats.

Börskurs

Det pris som en aktie noteras till på börsen.

Börslista

Lista över aktier och andra värdepapper som handlas på börsen

Börspost

För att göra aktiehandeln smidigare och effektivare så har man "uppfunnit" börsposter. En börsposts storlek bestäms utav företagen själva men brukar röra sig kring ett halvt basbelopp. Det går att handla med mindre aktier än börspostens storlek och även udda antal fungerar men det kan ta längre tid innan en sådan order går igenom.

Börsstopp

Stopp för handeln på börsen. När ett bolag för samtal med andra parter om uppköp av bolaget, eller någon liknande genomgripande händelse kan företaget begära börsstopp i aktien. Då stoppas handeln i den aktien tillfälligt. Anledningen är att man vill hindra spekulationer i aktien innan informationen nått marknaden.

Börsvärde

Det samlade marknadsvärdet av ett företags egna aktier, dvs. börskursen multiplicerad med antalet aktier. T.ex. 1 000 000 aktier och en kurs på 100 kronor ger ett börsvärde på 100 000 000 kronor.

C

Checkkredit

Ett konto med ett variabelt kreditutrymme som kontohavaren kan utnyttja efter behov.

Courtage (även Kurtage)

Avgift som bank eller fondkommissionär tar ut vid köp eller försäljning av värdepapper

Cyklisk aktie

En cyklisk aktie är en aktie som svänger kraftigt beroende på konjunkturcykeln. Exempel på cykliska aktier är skogsbolag, rederier och varv.

D

Deflation

Deflation innebär en höjning av penningvärdet tillsammans med ett allmänt prisfall. Deflation uppstår vanligen genom en minskad ekonomisk aktivitet, minskad efterfrågan, stigande arbetslöshet och en sjunkande nationalprodukt. Motsats: inflation.

Delårsrapport

Information från bolaget till aktieägarna om hur verksamheten har utvecklats. Ges ofta ut kvartalsvis.

Depression
Djup lågkonjunktur och ekonomisk kris.

Depå
Förvaring av värdepapper hos fondkommissionär eller bank.

Depåbevis
Utländska aktier som förvaras i en depå för ägarnas räkning. Depåbeviset är en andel av denna depå.

Derivat
En gemensam benämning på värdepapper, t. ex. optioner, vars värde påverkas av värdet på t. ex. aktier. Derivat är kopplade till händelser eller förutsättningar i framtiden, och utgör ett slags kontrakt mellan två parter.

Direktavkastning
Aktieutdelningen i ett bolag bestäms på bolagsstämman. Utdelningen i förhållande till kursen på en aktie kallas direktavkastning. Till exempel: Om utdelningen per aktie är 7 kronor och aktiekursen är 200 kronor så blir direktavkastningen 3,5 % (7/200 = 3,5).

Diskretionär förvaltning
Diskretionär förvaltning innebär att konsumenten genom ett avtal överlåter på det finansiella företaget att, utifrån de riktlinjer som överenskommits mellan konsumenten och näringsidkaren, utföra placeringar för konsumentens räkning. Varje sådan enskild placering föregås inte av någon rådgivning och konsumenten underrättas först i efterhand om vilka placeringar som gjorts.

Dröjsmålsränta
Den ränta som en gäldenär måste erlägga om han inte betalar en fordran i tid. Enligt räntelagen utgår dröjsmålsränta med referensräntan plus åtta procentenheter. Om förfallodagen är bestämd på förhand utgår dröjsmålsränta från denna dag; i annat fall börjar dröjsmålsränta utgå en månad från den dag borgenären avsänt räkning eller på annat sätt framställt krav på betalning.

Dödsbo

En avliden persons kvarvarande tillgångar och skulder. Dödsboet är en juridisk person och delägarna är efterlevande make om giftorätt finns, arvingar och testamentstagare.

E

Effektiv ränta

Det sammanlagda beloppet av räntor och andra kostnader, t.ex. aviseringsavgift och uppläggningsavgift, för ett lån uttryckt som årlig ränta på hela kreditbeloppet. Enligt konsumentkreditlagen ska den som utbjuder varor m.m. på kredit lämna information i annonser och dylikt om effektiv ränta för krediten.

Eget kapital

Ett företags förmögenhet, tillgångarna minus skulderna. Bolagets aktiekapital och pengar som finns i kassan.

Ekonomisk förening

En förening med syftet att främja medlemmarnas ekonomiska intressen.

Elcertifikat

En form av marknadsbaserat stöd inom energisektorn som ska stimulera förnybar elproduktion. Systemet berör såväl elleverantörer, elproducenter, elhandlare, nätägare som elanvändare. Lagen om elcertifikat syftar till att öka mängden el som produceras med hjälp av sol, vind, vatten och biobränsle.

Emission

Utgivande av nya aktier för att få in nytt kapital. En emission sker oftast i medverkan av en eller flera banker/fondkommissionärer. Antingen som fondemission eller som nyemission.

Emittent

Den som ger ut nya aktier eller andra värdepapper.

Emittera

Göra en emission, d.v.s när ett bolag ger ut/säljer nya aktier.

F

F-skattsedel

En person med F-skatt betalar själv sin preliminära skatt, inkomstskatt, socialavgifter m.m.

FA-skatt

En person som är löntagare och bedriver näringsverksamhet vid sidan av sin anställning kan ha både F-skatt och A-skatt.

Fast egendom

En mark indelad i fastigheter med tillhörande byggnader och anläggningar med fast inredning samt på rot stående träd och andra växter.

Finansiella instrument

Ett värdepapper som är avsett för handel på värdepappersmarknaden, exempelvis aktier, optioner och terminer.

Finansiellt institut

Ett företag som inte är ett kreditinstitut men vars huvudverksamhet består i att förvärva aktier eller driva valutahandel eller värdepappershandel.

Finansinspektionen

Statlig myndighet som har till uppgift att övervaka bankernas, fondkommissionärernas, fondbörsens, kreditmarknadsbolagens och försäkringsbolagens verksamhet.

Finansnetto

Den summa som innebär skillnaden mellan räntor och andra kapitalkostnader som företaget betalar samt de räntor och andra kapitalintäkter företaget får in.

Fond

Ofta det samma som värdepappersfond. En fond är en samling värdepapper, exempelvis aktier eller räntebärande papper i vilken privatpersoner kan köpa andelar. Om fondens tillgångar stiger i värde stiger även värdet på varje andel. Eftersom en fond sprider riskerna över ett antal olika värdepapper anses de ha lägre risk än till exempel aktier.

Fondandel

Andel i värdepappersfond.

Fondbolag

Ett aktiebolag som av Finansinspektionen har tillstånd att driva en eller flera värdepappersfonder.

Fondbörs

En inrättning för köp och försäljning av värdepapper.

Fondförmögenhet

Det samlade värdet på alla värdepapper beräknat på senaste betalkurs varje börsdag, samt likvida medel och fordringar minus skulder.

Fondkommissionär

Ett företag som sysslar med mäkleri av finansiella instrument.

Fondkonto

Konto för fondsparande. På kontot noteras hur många andelar man har i fonden.

Fondsparande

Vid sparande i fonder köper man andelar i fonden till dagskurs (-pris).

Förvaltningsavgift

En löpande avgift som ett fondbolag tar ut för att förvalta och administrera fonder

Förvaringsinstitut

En bank eller annat kreditinstitut som förvarar tillgångarna i en fond och som sköter in- och utbetalningar avseende fonden. Institutet ska bl.a. kontrollera att andelsvärdet beräknas på rätt sätt och att fonden följer sina placeringsbestämmelser.

G

Generalindex

Ett index som innehåller samtliga aktier noterade på Stockholms Fondbörs. Indexet är viktat efter hur stort börsvärde respektive företag har. Samlingsbegrepp för index som mäter den genomsnittliga kursutvecklingen för alla aktier som är registrerade eller noterade på en börs. Affärsvärldens generalindex, AFGX, är ett svenskt exempel på ett generalindex

Giro

Kontantlöst betalningssystem (t.ex. Plusgiro, Bankgiro) där pengar överförs från betalarens konto till mottagarens konto.

God man

God man kan förordnas av tingsrätt för den som inte själv kan tillvarata sina rättigheter eller vårda sin egendom.

Grundavdrag

Ett belopp med vilket den taxerade inkomsten för en fysisk person minskas vid beräkningen av inkomstskatt.

Gäldenär

Den som är skyldig någon pengar. Motsats till borgenär.

H

Hausse

Kraftig uppgång, värdestegring på värdepapper. Motsatsen till baisse. En börstendens som kännetecknas av när kurserna överlag kraftigt stiger under stor omsättning.

Hedgefond

En hedgefond har mycket större frihet i sina placeringsmöjligheter än traditionella fonder. Risknivån kan vara allt från väldigt låg till extremt hög.

Hypotekslån

Långfristigt lån mot säkerhet av pantbrev i fast egendom (se bottenlån).

I

Index

Index beskriver den genomsnittliga kursutvecklingen för t.ex. alla aktier på en börs eller liknande lista. Man använder sig ofta av så kallade viktade index. Ett index visar hur den genomsnittliga utvecklingen har varit för en viss marknad. Genom att jämföra med ett relevant index kan man mäta exempelvis hur en viss fond har utvecklats.

Indexoption

En option med ett index som underliggande vara.

Inflation

En stegring av den allmänna prisnivån vilket innebär att penningvärdet minskar. Det vanligaste måttet på inflation i Sverige är Konsumentprisindex (KPI). Motsats: deflation.

Inflationsmål

Ett mål som centralbanken sätter upp för att hålla ökningstakten av den allmänna prisnivån på en stabil och låg nivå. I Sverige är Riksbanken ansvarig för penningpolitiken och har ett inflationsmål till 2 % (med ett toleransintervall om plus/minus 1 procentenhet).

Inkasso

Förfarande genom vilket en borgenär (själv eller via inkassoföretag) kan få betalt för sin fordran.

Inlåningsföretag

Ett företag som inte är en bank, men som får ta emot insättningar av pengar. Ett inlåningsföretag kan i princip vara vilket aktiebolag eller ekonomisk förening som helst – bara det är registrerat hos Finansinspektionen. FI utövar dock ingen tillsyn över inlåningsföretagen. Insättningarna omfattas inte av den statliga insättningsgarantin.

Insiderbrott

När en person tjänar pengar på aktieaffärer med hjälp av hemlig information som denne fått genom sin anställning eller bekantskap med någon i ett börsföretag, en affärstidning eller myndighet m.m. Finansinspektionen är den myndighet som behandlar sådana här brott.

Inskrivningsmyndighet

Hanterar lagfart, inteckning eller annan inskrivning i fastighetsregistret.

Insättningsgaranti

Ett skydd för kunden till bankerna och värdepappersbolagen, vilket innebär att kundens medel i en bank garanteras belopp upp till 500 000 kr per kund och institut. Bundna placeringar som privatobligationer, fondsparande och pensionssparande omfattas inte av garantin.

Investerarskydd

Ett lagstadgat skydd för sparande i värdepapper (fonder, enskilda aktier m.m.). Pensionssparande omfattas inte.

Investmentbolag

Ett företag som har som verksamhet att köpa in sig i bolag. Dessa bolag får lite speciella skattevillkor.

IPS (individuellt pensionssparande)

En form av pensionssparande med skattemässigt avdragsgilla insättningar. Sparformen ger stor frihet i valet av placeringar, då det är möjligt att välja mellan sparande i fonder, i aktier och på sparkonto.

K

Kapitalförvaltning

Att sköta någon annans tillgångar. Denna tjänst kan fondkommissionärer och banker erbjuda större kunder. Ofta sätter sig kunden och kommissionären sig ner och går igenom kundens placeringsstrategi och sedan får kommissionären fria händer att förvalta kapitalet bäst möjligt.

Konjunktur

Den rådande ekonomiska tendensen.

Konsumentprisindex

Ett index som beskriver prisutvecklingen för konsumentvaror. Brukar användas för att bedöma inflation.

Kontoutdrag

Utskrift av ett inlånings- eller kreditkonto som visar ställningen på kontot samt vilka transaktioner som gjorts under perioden (se även saldobesked).

Konvertera

Lägga om lån. Förlängning av lånet med t.ex. nya villkor och ändrad räntesats.

Konvertibelt skuldebrev

Skuldebrev som kan omvandlas till aktier enligt ett i förväg bestämt pris. Konvertibla skuldebrev ger avkastning i form av ränta.

Kort ränta

Räntesatsen för ett räntebärande värdepapper med en löptid upp till ett år.

Korta räntan

Räntan på tremånaders statsskuldväxlar.

Kreditprövning

Granskning av lånesökandes kreditvärdighet, det vill säga återbetalningsförmåga och förmåga att ställa/lämna säkerhet för den sökta krediten.

Kreditupplysning

Upplysning om en privatpersons eller företags kreditvärdighet. Av en kreditupplysning framgår uppgifter om t.ex. taxerad årsinkomst och eventuella betalningsanmärkningar.

Kurs

Samma sak som priset på ett värdepapper. Priset på en valuta eller ett värdepappers marknadspris, vilket bestäms av den avkastning papperet ger och väntas ge samt av dess säkerhet. Kursen påverkas också av ränteläget samt av tillgång och efterfrågan på marknaden.

Kurtage (även Courtage)

Den avgift man får betala till banken/fondkommissionären när man gör aktieaffärer.

Köpkurs

Den kurs som en köpare är villig att betala för ett värdepapper.

L

Lagfart

Inskrivning i fastighetsbok av fastighetsförvärv genom köp, arv etc.

Lagfartsbevis

Skriftlig handling som visar att lagfart beviljats. Lagfartsbeviset visar vem som är ägare till fastigheten.

Lång ränta

Räntesatsen för ett räntebärande värdepapper med en löptid över ett år.

Långa räntan

Räntan på den femåriga statsobligationen.

M

Mäklare

Yrkesutövare som förmedlar en affärskontakt mellan köpare och säljare.

N

Nasdaq

Amerikansk börs där många av världens största teknik- och IT-företag är noterade.

Netto

Avdrag för skatt, kostnad, rabatt. Motsats: brutto.

Nettoinkomst

Summan av alla skattepliktiga och skattefria inkomster minus skatt och övriga negativa transfereringar.

Nischbank

En bank som istället för att erbjuda ett fullständigt sortiment av banktjänster koncentrerar sig på vissa typer av tjänster. Kundkontakter kan huvudsakligen ske via telefon och Internet.

Nollkupongsobligation

Obligation där räntan för hela löptiden betalas ut i samband med att obligationen löses in av utgivaren på förfallodagen.

Nominell ränta

En placering till nominell fast ränta ger vid löptidens slut ett förutbestämt belopp i kronor.

Nominellt värde

Grundvärde på en aktie när bolaget bildas. Aktiens marknadsvärde kallas realt värde.

Nyemission

Ökning av aktiekapitalet i ett aktiebolag genom erbjudande, i första hand till aktieägarna, att teckna nya aktier.

Nätmäklare

Ett samlingsnamn för de bolag som huvudsakligen utför sina värdepapperstjänster via internet, även kallad internetmäklare.

O

Obligation

En långfristig skuldförbindelse, vanligen utfärdad av stat, kommun eller större företag. Ett värdepapper som ger en fast årlig avkastning (ränta) under en bestämd tidsperiod (löptiden). Vid löptidens slut löses obligationen in mot en bestämd summa pengar (obligationens nominella värde). Man skiljer mellan räntebärande obligationer och icke räntebärande. Vanligtvis på flera år löpande skuldebrev som intygar att innehavaren lånat ut pengar till t.ex. staten, en kommun eller ett hypoteksinstitut.

Obligationsfond

Arbetar på ungefär samma sätt som en aktiefond men med skillnaden att en obligationsfond placerar i obligationer (räntebärande papper).

OMX-index

Index över de 30 mest omsatta aktierna på Stockholmsbörsen.

Option

En option är ett värdepapper som ger innehavaren en rättighet. T.ex. rätten att köpa eller sälja en aktie till en viss kurs (lösenpriset) inom en viss tid (löptiden). Kan användas för att öka eller minska risknivån i en portfölj.

P

P/E-tal

P/E står för Price/Earning (pris/vinst). P/E-talet för en aktie får man fram genom att dividera aktiekursen med vinsten per aktie. Ett av de vanligaste måtten på hur dyr en aktie är. Lämpar sig bäst för att jämföra bolag som liknar varandra, t.ex. bolag i samma bransch. Lågt P/E innebär låg värdering och tvärtom.

Pension, avgiftsbestämd

Pension vars avgift är bestämd till en viss procentsats av lönen eller till ett visst belopp. Synonym: premiebestämd pension.

Pensionsgrundande inkomster

Till pensionsgrundande inkomster räknas förutom lön ersättning från social- och arbetslöshetsförsäkringar.

Portfölj

Ett innehav av ett större antal värdepapper.

Premieobligation

Sparform där räntan lottas ut som vinster. Riksgälden ger vanligtvis ut premieobligationer två till tre gånger per år.

Prisbasbelopp

Fastställs en gång om året av regeringen enligt lagen om allmän försäkring. Prisbasbeloppet speglar prisnivåns förändringar och ligger till grund för beräkningen av bl.a. studiemedel och pension.

Publikt aktiebolag

Aktiebolag som i motsats till ett privat aktiebolag har rätt att sprida aktier, teckningsrätter och andra värdepapper till allmänheten. Värdepapperen får köpas/säljas på börsen eller andra marknadsplatser.

R

Rak ränta

Ränta som räknas ut i förväg på hela lånebeloppet och för hela lånetiden och läggs på lånebeloppet.

Realisationsvinst

Vinst som uppstår vid försäljning. Försäljningsvärdet minus inköpsvärdet.

Realränta

En värdesäkrad ränta. En placering till real fast ränta ger ett förutbestämt belopp plus ett belopp som motsvarar den sammanlagda inflationen under spartiden.

Realräntelån/realränteobligationer

Lån som är inflationssäkrade. Ersättning fås med fast ränta och viss ersättning för inflationen under lånets löptid.

Reavinstbeskattning

Om du gör vinster på aktier eller något annat så betalar du 30 % av vinsten i skatt.

Recession

Tillfällig nedgång i konjunkturen. Betydligt lindrigare än depression.

Reporänta

Riksbankens viktigaste styrränta. Det vill säga den ränta bankerna får betala när de lånar pengar i Riksbanken via Riksbankens repotransaktioner. Den används för att påverka de korta marknadsräntorna och därigenom även bostadslåneinstitutens rörliga utlåningsräntor och bankers räntor.

Revisor

Person eller firma vars uppgift är att granska ett företags räkenskaper, redovisning och förvaltning.

Riktad emission

En nyemission som är riktad till en viss grupp, t.ex. enbart befintliga aktieägare. Men oftast menar man med riktad emission att den är riktad till en extern placerare. Aktieägarna avstår då från sin rätt att teckna nya aktier vid en emission till förmån för någon annan/andra.

Riskkapital

För företag: Aktiekapital och bundna reserver som i första hand fungerar som en buffert i dåliga tider. Ju högre riskkapitalet är i förhållande till företagets totala kapital, desto mindre risker tar företagets långivare. För marknaden: Det kapital som marknaden är villiga att investera i riskbärande värdepapper, t ex aktier.

Ränta

Pris på pengar, vanligen uttryckt i procent av totalbeloppet. I praktiken t.ex. den avkastning man får på insatta pengar eller det pris man betalar för att låna pengar. Kan vara fast eller rörlig. Kan även uttryckas som avkastning på kapital eller priset på kredit.

Ränta-på-ränta effekt

Uppkommer när upplupen ränta läggs till kapitalet och ränta beräknas på detta ”nya” kapital.

Räntefond

En fond som placerar hela fondförmögenheten i räntebärande värdepapper såsom obligationer och statsskuldväxlar och andra räntebärande värdepapper.

Räntejustera

Att ändra räntan på ett lån med bunden ränta. Räntejustering sker vid i förväg avtalade räntejusteringstidpunkter.

Räntemarginal

Skillnaden i procentenheter mellan genomsnittlig utlåningsränta och genomsnittlig inlåningsränta i exempelvis en bank.

Rörlig ränta

En ränta som varierar under lånetiden.

S

Saldo

Skillnaden mellan debet och kredit på ett konto. Även behållningen på bankkonto.

SINK

Särskild inkomstskatt för utomlands bosatta. SINK tas oftast ut med 25 % och fastställs direkt vid varje utbetalning av inkomst. Personer som ska SINK-beskattas ska inte lämna någon deklaration.

Skuldebrev

Skriftlig utfästelse att betala en penningsumma eller skriftligt erkännande av en penningskuld. Exempel på skuldebrev är revers och obligation.

Skuldsanering

Ett förfarande varigenom en privatperson under vissa förutsättningar kan få sina skulder nedskrivna/sanerade. Skuldsanering regleras i skuldsaneringslagen.

Skuldsaneringslag

En lag som gör att en privatperson, med vissa villkor uppfyllda, kan få laglig rätt till nedskrivning av sina skulder.

Soliditet

Eget kapital / totalt kapital. Ett nyckeltal som anger företagets långsiktiga betalningsförmåga. Hög soliditet innebär låg finansiell risk i bolaget.

Sparkvot

Den andel av den disponibla inkomsten som hushållen väljer att spara istället för att konsumera.

Split

Antalet aktier ökas genom att varje gammal aktie delas upp i flera nya, t.ex.: För en 1000-kronors aktie får man istället 10 aktier värda 100 kronor styck. Split 4:1 ger dig fyra nya aktier på varje aktie. En split ökar inte bolagets värde utan syftet är göra aktien billigare och därmed lättare att handla i då en dyr aktie i kronor räknat för med sig psykologiskt och ekonomiskt motstånd.

Stagflation

Konjunkturläge som kännetecknas av låg tillväxt, stor arbetslöshet och hög inflation.

Statsobligationer

Obligationer som emitteras för statens räkning av Riksgäldskontoret.

Statsskuldväxel

Ett kortfristigt räntepapper (obligation) som staten använder för sin upplåning. Löpande skuldebrev som emitteras av staten. Löptiderna är 3, 6 och 12 månader. De förekommer i valörerna 1, 5, 10, 50 och 100 miljoner kronor.

Styrränta

Ett medel att påverka den korta räntan på marknaden. Riksbankens viktigaste styrränta är reporäntan. Styrräntan är Riksbankens viktigaste penningpolitiska verktyg. Reporäntan är den ränta som bankerna lånar till eller placerar pengar till, hos Riksbanken.

Sveriges Aktiesparares Riksförbund

Ett förbund med uppgift att bevaka Sveriges aktiesparares intressen.

Säljkurs

Den kurs en säljare är villig att sälja ett värdepapper för.

T

Teckningskurs

Det pris som ska betalas för en nyemitterad aktie i en nyemission.

Terminer

Ett bindande kontrakt att köpa eller sälja någonting till ett bestämt pris, på en bestämd framtida tidpunkt.

Tjänstepension

En pension som arbetsgivaren betalar in för arbetstagarens räkning. Tjänstepension som grundas på avtal mellan arbetsgivaren och facket kallas avtalspension.

Topplån

Ett lån som läggs ovanpå ett bottenlån.

Transaktion

Rörelse på konto. Oftast insättning eller uttag. Även överföringar mellan konton.

Transaktionskonto

Ett konto som är bra för täta och ofta återkommande transaktioner. Ett transaktionskonto är ofta försett med tilläggsfunktioner såsom giro, kort m.m.

U

UC/Upplysningscentralen

Ett kreditupplysningsföretag som ägs av bankerna.

Unit-linked

Pensionsförsäkring med värdepappersfondsanknytning där tagaren har rätt att välja vart spardelen av premien ska placeras.

Upplupen ränta

Ränta som har genererats men som ännu inte ”syns” på kontot.

Uppläggningsavgift

En avgift för uppläggning av exempelvis ett banklån.

Utdelning

Den del av företagets vinst efter skatt som aktieägarna får som avkastning på sina satsade pengar.

Utmätning

När kronofogdemyndigheten beslagtar en gäldenärs egendom för en borgenärs fordran. Åtgärd för att ta i anspråk (utmäta) viss egendom för betalning av skuld. Utmätning verkställs av kronofogden.

Utmätning av lön

När kronofogdemyndigheten drar pengar direkt från en gäldenärs inkomst för en borgenärs fordran.

V, W

Warrant

Av institut/bolag utfärdad option som ger innehavaren rätt att köpa aktie till förutbestämd kurs och lösendag. En option, oftast med lång löptid, som ställs ut av en bank eller ett värdepappersbolag.

Venture capital

Riskkapital.

Volatil/Volatilitet

Rörlig, flyktig, instabil. Hög volatilitet innebär stora svängningar både uppåt och neråt, låg volatilitet innebär små svängningar både uppåt och neråt.

VP-Avi

Ett meddelande från VPC till aktieägare om förändring på dess VP-konto

VPC AB

Värdepapperscentralen AB. Ett företag som ägs av banker, fondkommissionärer och staten. Förutom hanteringen av VP-konton pysslar de med en del andra administrativa göromål som t ex utskick av ekonomisk information och utbetalning av utdelningar. VPC hanterar ett centralt dataregister över de allra flesta aktier och räntebärande värdepapper som handlas på de svenska finansiella marknaderna. Förutom att föra register, är det VPC som clearar och avvecklar transaktioner med svenska aktier och räntebärande värdepapper. VPC står under Finansinspektionens tillsyn.

VP-konto

Ett värdepapperskonto där aktieägarens värdepapper är registrerade. VP-kontot har ersatt de gamla aktiebreven.

Värdepapper

En handling som ger innehavaren en rättighet som oftast kan omvandlas i pengar. Ett samlingsbegrepp för aktier, obligationer, optioner m.m.

Värdepappersfond

En fond som består av aktier eller andra värdepapper samt avkastningen av dessa och av oplacerade likvida medel och som uppkommit genom kapitaltillskott från allmänheten. Värdepappersfonden ägs av dem som köpt andelar i fonden i form av fondandelar.

Växel

En i lagstadgad form utfärdad skuldförbindelse som kan användas både som betalnings- och kreditmedel.

Växelkurs

Priset på en valuta uttryckt i en annan valuta. Detta brukar också kallas bilaterala växelkursen.

Å

Ålderspensionssystemet

Ålderspensionssystemet ersätter det tidigare systemet med ATP och folkpension. Det äldre systemet kommer att fasas ut fram till 2018 och successivt ersättas av det nya systemet.

Årsredovisning

Den samlade informationen från en myndigheter eller företag om det ekonomiska resultatet och verksamhetens resultat. Årsredovisningen innehåller information om resursförbrukningen och myndighetens tillgångar och skulder.

Ö

Överförmyndare

En person som har till uppgift att granska förmyndares, gode mäns och förvaltares verksamhet. Det finns en överförmyndare i varje kommun.

Överskuldsätta

Att skuldsätta sig så pass att man saknar återbetalningsförmåga för sina skulder helt eller delvis.

Övertrassera

Att använda mer pengar än vad som finns på ett konto.